활안스님

금강경 특강
Diamond Sutra

佛敎精神文化院

머리말

　금강경은 600부 반야경 가운데 제577번째 해당되는 경전입니다. 아함경의 인과사상과 방등경의 인연법이 한 마음의 그림자에 불과함으로써 그 그림자에 집착하여 꼼짝달싹 못하고 있는 사람들에게 무상(無相)·무아(無我)·무주(無住)의 대해탈도를 실천시키므로써 이 세상을 명자 그대로 불국정토로 만들자는 서원이 들어있는 경전입니다.

　지난 6월달부터 대구법왕사에서 특강을 요청해 와 그 자료로써 "다이아몬드 슈트라"라는 제목으로 강의를 하고 있는데 때마침 재일교포 서상수영가가 서거함으로써 김해사는 김옥순 보살님께서 49재 법보시용으로 이 책을 출판하게 되어 인연있는 여러 불자들에게 공부자료로 쓰게 되었으니 이보다 더 좋은 일이 있을 수 없습니다.

　서상수 영가는 이 인연으로 다생에 죄업이 소멸되고 극락세계 왕생하여 반드시 부처님의 가피를 입고 성불하실 것을 믿어 의심하지 않습니다.

　그리고 김옥순 보살님의 가정에 부처님 은혜가 충만하여 건강하시고 하시는 일이 원만성취되시기 바랍니다.

불기 2557년 계사 9월 활안 합장

일러두기

1. 이 글은 대구법왕사 교양대학 교재로써 편찬한 것입니다.

2. 강의는 중국의 6조혜능대사와 종경스님·규봉선사·야부스님·부대사께서 강설하신 것을 한국의 함허 득통선사가 설의한 것을 활안스님께서 야부송을 중심으로 정리한 것입니다.

3. 편집교정은 민조 시인 법안스님께서 하셨습니다.

4. 이 책은 고 서상수 영가를 위해 김해 김옥순 보살님께서 출판하였습니다.

5. 제2편에 독송금강경을 편제하였습니다.

목 차

머리말 ··· 3
일러두기 ·· 4

제1부 금강경 특강

강의에 들어가면서 ··· 7
금강반야바라밀경(金剛般若波羅蜜經) ······································ 18
Ⅰ. 序分 ·· 24
   제1 법회인유분(法會因由分) ··· 24
Ⅱ. 정종분(正宗分) ··· 30
   제2 선현기청분(善現起請分) ··· 32
   제3 대승정종분(大乘正宗分) ··· 37
   제4 묘행무주분(妙行無住分) ··· 42
   제5 여리실견분(如理實見分) ··· 47
   제6 정신희유분(正信希有分) ··· 49
   제7 무득무설분(無得無說分) ··· 59
   제8 의법출생분(依法出生分) ··· 64
   제9 일상무상분(一相無相分) ··· 69
   제10 장엄정토분(莊嚴淨土分) ··· 77
   제11 무위복승분(無爲福勝分) ··· 83
   제12 존중정교분(尊重正敎分) ··· 86

제13 여법수지분(如法受持分) ·· 88
　　제14 이상적멸분(離相寂滅分) ·· 96
　　제15 지경공덕분(持經功德分) ·· 113
　　제16 능정업장분(能淨業障分) ·· 119
　　제17 구경무아분(究竟無我分) ·· 124
　　제18 일체동관분(一切同觀分) ·· 138
　　제19 법계통화분(法界通化分) ·· 145
　　제20 이색이상분(離色離相分) ·· 147
　　제21 비설소설분(非說所說分) ·· 150
　　제22 무법가득분(無法可得分) ·· 154
　　제23 정심행선분(淨心行善分) ·· 156
　　제24 복지무비분(福智無比分) ·· 158
　　제25 화무소화분(化無所化分) ·· 160
　　제26 법신비상분(法身非相分) ·· 163
　　제27 무단무멸분(無斷無滅分) ·· 166
　　제28 불수불탐분(不受不貪分) ·· 168
　　제29 위의적정분(威儀寂靜分) ·· 171
　　제30 일합이상분(一合理相分) ·· 173
　　제31 지견불생분(知見不生分) ·· 176
　　제32 응화비진분(應化非眞分) ·· 179
　Ⅲ. 유통분(流通分) ··· 181

제2부 독송금강경 ··184

제1부 금강경 특강

강의에 들어가면서

2013년 6월, 대구 법왕사 백고좌법회에 갔다가 "다음 달부터 약 5개월 예정하고 매주 목요일 오후 2시에 금강경특강을 한번 해보시겠습니까?" 물어,
"특별한 경우만 제외하고는 빠지지 않고 한번 시험해 보겠습니다."
하여 이 강의가 시작하게 되었습니다.

나는 1950년대 원주 불심사에서 유명한 대학교수, 강사 큰스님들께서 한시간 동안에 금강경 한 권을 통째로 강의한 것을 보고 놀란 일이 있는데, 그때 그 정신을 살려서 한번 해보기로 한 것입니다.

사회자가 말씀하였습니다.
"오늘 강의는 전 월정사 주지 이종욱스님의 원을 따라 이 자리에 동참해주신 여덟 분의 강사님들께서 한시간 동안에 법문을 잘해주시기 바랍니다.
그러면 제1 처음으로 동국대학교 이사장님으로 계신 기산 임석진 큰스님으로부터 시작하겠습니다.
기산스님은 현 조계종(통합종단) 총무원장님으로 계십니다. 검정장삼에 밤색 가사를 입으신 기산스님께서 법상에 올라가시니 한 법사가,

『此經甚深義　　　　　이 경의
　차 경 심 심 의　　　　깊고 깊은 뜻을

　大衆心渴仰　　　　　대중들이
　대 중 심 갈 앙　　　　목마르게 기다리고 있으니

　唯願大法師　　　　　오직 원컨대
　유 원 대 법 사　　　　큰 법사님께서는

　廣爲衆生說　　　　　널리 중생을 위해서
　광 위 중 생 설　　　　설해주옵소서.』

하고 청법 3배하고 입정하였습니다.
스님께서는 법장을 세우고 대중을 한번 돌아보신 뒤
"금강반야바라밀다경(金剛般若波羅蜜多經)이로다"
하고 제목봉창만 하신 뒤 내려오셨습니다.

다음은 동국대학교 대학원장으로 계신 권상로 박사님께서 해주시겠습니다.
스님은 회색 명주장삼에 빨간 홍가사를 입고 상단하지 않고 중단에 서서 강의 하셨습니다.

『"금강"은 다이아몬드이고,
　"반야"는 지혜이며,
　"바라밀"은 피안이고,
　"다"는 도착한다는 말이며,
　"경"은 3세제불과 역대조사가 함께 걸어간 길입니다.
그러니까 "금강반야바라밀다경"은 다이아몬드와 같은 지혜로 생사의 바다를 건너가 열반의 저 언덕에 이르는 길이라는 말입니다.

이 경은 600부 반야경 가운데 577번째에 해당되는 경입니다.』

다음은 동국대학교 석좌교수로 계신 김포광박사님입니다.

『 중국에서 번역된 금강경은 총 여섯 가지가 있는데,

첫째 후진(後秦) 삼장 구마라집 스님이 402년 장안 초당사에서 번역한 것과,

둘째 후위(後魏) 효정제 때 보리유지가 535년 낙양에서 번역한 책,

셋째 진(陳)나라 임해왕 때 진제 3장이 566년 금릉에서 번역한 책은 모두 다 이름이 "금강반야바라밀다경"이고,

넷째 수(隋)나라 문제 때 달마급다 스님이 590년 낙양에서 번역한 것은 "금강능활경"이며,

다섯째 당(唐)나라 태종 때 현장스님이 648년 옥화궁에서 번역한 것은 "능단금강경"이고,

여섯째 당나라 때 의정삼장이 695년 측천무후의 원을 따라 불수기사에서 번역한 것은 "불설능단금강경"입니다.

모두 이것은 무상으로서 삶의 방편을 삼고 무주로써 번뇌를 항복받으라 하였습니다. 』

다음은 동국대학교 불대학장인 김동화박사님입니다.

인도에서는 무착스님이 일광정(日光定)에 들어 미륵보살에게 80행게를 얻고 18주위(住位)를 내었는데, 스님의 동생 천친보살은 이 글을 읽고 금강경을 스물일곱 번 수보리와 부처님이 서로 문답한 경전이라 하여 요즈음 말로하면 불교상담심리학입니다.

80 수의 시는

『巧護義應知　　　교묘하게
　교 호 의 응 지　　뜻을 알아

　加被身同行　　　함께 일하면
　가 피 신 동 행　　가피력을 얻어

　不退得未得　　　물러섬 없이
　불 퇴 득 미 득　　얻지 못하는 것을 얻게 하는 것

> **是名善付囑**
> 시명선부촉
>
> 이것이
> 선부촉이다.』

하여 이런 식으로 80수의 시를 지었습니다.

그리고, 18주위는

> 『① **發心住**
> 　　발심주
>
> 위없는 보리심을
> 발하면
>
> ⑱ **上求佛地住**
> 　　상구불지주
>
> 마침내 부처님의
> 지위에 오른다. 』

가 그것이며,

27의단은

> 『① **求佛行施住相疑**
> 　　구불행시주상의
>
> 부처를 구해
> 보시한 것은 상 아닌가?
>
> ② **因果俱深無信疑**
> 　　인과구심무신의
>
> 인과가 너무 깊으면
> 믿을 사람이 없을 것인데 』

하는 등이 그것입니다.

다음은 전 해인사 주지 변설호 스님의 강의입니다.
중국에서는 양무제의 아들 소명태자가 금강경을 32분으로 과를 냈는데,

> 『① **善現起請分**
> 　　선현기청분
>
> 수보리가 일어나
> 법문을 청한 곳으로부터
>
> ㉜ **流通分**
> 　　유통분
>
> 부처님 법문을 듣고
> 모두가 환희하였다. 』

까지가 그것입니다. 그런데 그 후 중국·한국·일본 등에서 금강경을 읽고 주해를 내고 강의를 한 분들이 800명이 넘지만 그 가운데서도 부대사·6조스님·규봉스님·야부스님·종경스님이 해설한 것을 5가해라 부르고 있습니다.

① 쌍림 부대사는 찬(讚)을 내었는데,

『希有希有佛　　　희유하고 희유한
　희 유 희 유 불　　　부처님

　妙理極泥洹　　　묘한 이치가
　묘 리 극 니 원　　　니원(열반)에 있습니다.

　云何降伏住　　　어떻게 항복받고
　운 하 항 복 주　　　주수할까요.

　降伏住爲難　　　주수 항복은
　항 복 주 위 난　　　심히 어렵습니다.』

② 6조스님은 구결(口訣)을 냈습니다.

『無相爲宗　　　무상으로써
　무 상 위 종　　　종을 삼고

　無住爲體　　　무주로써
　무 주 위 체　　　체를 삼고

　妙有爲用　　　묘유로써
　묘 유 위 용　　　용을 삼는다.』

③ 규봉스님은 찬요(纂要) 하였는데,

『鏡心本淨　　　거울 같은 마음이여
　경 심 본 정　　　본바탕이 깨끗하구나.

像色元空 (상색원공)	모양과 색 원래 비었으니
夢識無初 (몽식무초)	시작도 끝도 없는 마음이
物境成有 (물경성유)	만가지 경계를 이루고 있네.』

④ 야부도천스님은 노래를 불렀습니다.

『摩訶大法王 (마하대법왕)	크고 큰 법왕이여
無短亦無長 (무단역무장)	짧지도 않고 길지도 않네.
本來非皂白 (본래비조백)	본래 검고 흰 것 아니나
隨處現靑黃 (수처현청황)	곳을 따라 푸른색 노란색 나타내네.』

⑤ 종경스님은 강요만을 들었습니다.

『我有一卷經 (아유일권경)	나에게 한 권의 책이 있으니
不因紙墨成 (불인지묵성)	종이와 먹으로 만들어지지 아니하였다.
展開無一字 (전개무일자)	한 글자도 전개하지 않으나

常放大光明　　　　　항상
상 방 대 광 명　　　대광명을 놓고 있다.

다음은 불심원원장 철운대종사입니다. 철운스님은 전 조계산 선암사 주지며, 한국시조시인협회 회장이십니다.

『이 오가해를 한국의 함허득통선사가 설의(說誼) 하였습니다.

有一物於此　　　　여기
유 일 물 어 차　　　한 물건이 있으니

絶名相 貫古今　　　이름도 모양도 없으나
절 명 상　관 고 금　옛과 지금을 관통하고

處一塵 圍六合　　　티끌속에 있으면서도
처 일 진　위 육 합　6합을 에워싸고 있다.

內含衆妙　　　　　속으로 온갖 묘한 것
내 함 중 묘　　　　다 머금고 있으면서

外應群機　　　　　밖으로
외 응 군 기　　　　뭇 근기를 따른다.

主於三才　　　　　삼재(천·지·인)의
주 어 삼 재　　　　주인이 되고

王於萬法　　　　　만법의
왕 어 만 법　　　　왕이 된다.

湯湯呼其無比　　　탕탕하여
탕 탕 호 기 무 비　그에 비길 것 없고

금강경 특강　13

| 巍巍呼其無倫 | 높고 높아 |
| 외 외 호 기 무 륜 | 그에 짝할 이 없다. |

先天地而無其始
선 천 지 이 무 기 시

하늘 땅이 생기기
이전부터 있었고,

後天地而無其終
후 천 지 이 무 기 종

하늘 땅이 없어진 뒤에도
끝나지 않는다.

空耶 有耶
공 야 유 야

비었다고 할 것인가
있다고 할 것인가

吾未知其所以
오 미 지 기 소 이

나는 그 까닭을
알 수 없다.

우리 석가 부처님을 이

駕無底船
가 무 저 선

밑없는
배를 타고

吹無孔笛
취 무 공 적

구멍없는
피리를 부시니

妙音動地
묘 음 동 지

그 소리
천지를 진동하고

法海漫天
법 해 만 천

진리의 바다가
우주에 꽉 찼다.

어떻습니까. 가히 생각으로 헤아릴 수 있겠습니까. 이것이 금강반야바라밀경입니다."』

다음은 전준열교수입니다. 오랫동안 한암스님의 선좌를 지키다가 지금은 동국대학교 선학과 교수로 계십니다.

『이 글은 4조 도신부터 시작하여 5조 홍인을 거쳐 6조 혜능에 이르러서 선종의 종전으로 자리 잡았으므로 대한불교조계종과 한국불교태고종에서 근본소의경전으로 삼고 있습니다.

그러므로 이 경전은 깨달음의 경전이고 진짜 사랑의 경전입니다. 4조 도신스님은 쌍봉산에서 이 경전을 읽고 호랑이 구렁이와 함께 살았고, 6조 스님은 여관집에서 나무를 팔고 나오다가 이 경전 외우는 소리를 듣고 대도를 깨달았습니다.

應無所住 　　마음은
응 무 소 주 　　주소가 없으니

而生其心 　　주착하지 말고
이 생 기 심 　　살아라.

돈에 주착하면 돈의 노예가 되고,
명예에 주착하면 명예의 노예가 되며,
사랑에 주착하면 사랑의 노예가 됩니다.

돈을 벌지 말고 명예를 얻지 말고 사랑을 하지 말라는 말이 아닙니다. 돈은 마음대로 굴리고 명예를 얻었으면 명예 값어치를 하고, 진짜 사랑은 둘이 아니라는 말입니다.

반야를 굴리는 사람은 억겁을 살아도 안팎에 그림자가 생기지 아니한다 하였습니다. 』

다음은 강상준 주지스님께서 이종욱 큰스님 법문을 대신해 주시겠습니다.

『그러므로 금강경은
① 모양이 없으므로 종파를 초월했고,

② 주소가 없으므로 모든 종파에 다 통한 것이며,
③ 집착이 없으므로 소유와 관념을 벗어났습니다.

스님께서 이 불심사를 지으신 것은
① 종파없는 부처님
② 권속없는 부처님
③ 소유를 갖지 아니하신 부처님의 정신을 따라 한국불교를 통불교로 화합시키고자 하는데 목적이 있습니다.

① 깨달음에는 재가・출가가 없고,
② 불교를 배우고 가르치는데는 진과 속이 없으며,
③ 불국토를 장엄하는데는 국경도 없기 때문입니다.

大川入海 同一鹹味　　대천이 바다에 들어가면
대 천 입 해　동 일 함 미　　똑같이 한 맛을 이루고

四姓出家 同一釋氏　　사성이 출가하면
사 성 출 가　동 일 석 씨　　똑같이 석씨가 된다.

하신 부처님의 정신을 받들어 하나의 불교로써 3천리 금수강산을 불국토로 만들고자 하는데 목적이 있습니다.
　이곳에 모인 스님・학자・신도・비신도를 막론하고 다같이 승가의 정신속에 대한민국의 떳떳한 국민이 되어주시기 바랍니다. 5백년 동안 중국을 대국으로 모셔온 것도 부족하여 36년간 일본의 식민지생활을 하였으면 이제 그만 깨칠만도 한데 아직도 서구의 노예가 되어 있으니 부끄럽기 짝이 없습니다."』

　이것으로써 원주 불심사 금강경법문은 끝났습니다.
　그런데 아직도 우리 한국은 금강경을 그렇게 많이 읽고 사경하고 해설을 하면서도 독립심을 기르지 못하고 있으므로 법왕사 주지스님께서 금강경강의를 제안하신 것입니다.

부처님께서 하루는 법상에 올라가시니 문수가 입정 후 죽비를 치고,

諦觀法王法 　　　　법왕의 법을
제 관 법 왕 법 　　　자세히 관하라.

法王法如是 　　　　법왕법이
법 왕 법 여 시 　　　이와 같느니라.

하니 부처님께서 그만 자리에서 내려오셨습니다.

한 스님이 외쳤습니다.

千尺絲輪直下垂 　　　천자 낚싯줄을
천 척 사 륜 직 하 수 　　바로 탁 던졌더니

一波纔動萬波隨 　　　한 파도 일어나니
일 파 재 동 만 파 수 　　만 파도가 따라난다.

夜靜水寒魚不食 　　　고요한 밤 차디찬 물에
야 정 수 한 어 불 식 　　고기가 물지 아니하니

滿船空載月明歸 　　　빈배에 밝은달만
만 선 공 재 월 명 귀 　　가득히 싣고 돌아왔다

한 시입니다. 주고받는데 한 생각도 남기지 말고 오직 세상에 어두움만 밝힌 뿐입니다.

　불을 밝히는데는 기름이 필요합니다. 미국의 록펠러는 정유회사를 만들어 세계의 대재벌이 되었습니다. 우리는 오늘 법왕의 아들이 되어 세계에 진리의 꽃을 피우는 아름다운 불자가 되어주시기 바랍니다.

금강반야바라밀경 (金剛般若波羅蜜經)

"금강(金剛)"은 다이아몬드, 어떠한 것에도 부서지지 않고 어떠한 것도 붓지 못하는 바가 없기 때문에 불성의 견고 부동한 이치를 비유한 것입니다.

종경스님은 "여래장이 빈 것을 보고 조사관을 뚫어 홀로 진상(眞常)에 들어가니 반야 아님이 없었다" 하고, 3심 6유로써 번역하였습니다.

3심은
① 제8 근본심(根本心) : 아뢰야식
② 제7 의본심(依本心) : 마나식
③ 제6 기사심(起事心) : 일을 일으키는 전6식을 말하고,

6유는
① 청색 : 식심이 동요하지 않아 무루공덕을 갖추므로 모든 재액을 소멸하고,
② 황색 : 원하고 구하는 바를 따라 무생의 지혜를 나타내는 것이며,
③ 적색 : 해를 보면 불을 나타내 어떠한 의탁(疑濁)도 다 끊어주고 맑히는 것이고,
④ 백색 : 흐린 물을 맑혀 진공(眞空)에 머물게 하는 것이며,
⑤ 공색 : 3독을 녹여 행주좌와를 마음대로 하는 것이고,
⑥ 벽색 : 모든 독을 녹여 건강하게 만드는 것이다.

그러므로 금강은,

電光石火　　　전기속에 들어있는 빛이요
전 광 석 화　　돌속에 들어있는 불,

銀山鐵壁
은 산 철 벽
만물을 감싸는 것이 은이 산을 덮은 것 같고
철이 벽을 형성한 것 같다.

하였습니다. 중생성중에 들어있는 본래의 금, 용광로에서 갓 피어난 금을 말한다 하였습니다.

금은 산에 있어도 산이 금을 모르고, 금 또한 산을 모릅니다. 왜냐하면 성품이 없기 때문입니다.

사람이 발굴하여 용광로에 넣어 정금을 만들므로 세상의 가난을 구합니다.

그러므로 **四大身中**의 **佛性**이
　　　　　사 대 신 중　　불성

五蘊山中의 **覺性**을 개발하면
오 온 산 중　　각 성

諸趣流浪의 **此岸**에서
제 취 유 랑　　차 안

寂滅涅槃의 **彼岸**에 이르게 된다.
적 멸 열 반　　피 안

하였습니다. 그러면 그 금이 무엇입니까. "반야(般若)"입니다. 금은 광(鑛)을 털어버리면 본래의 금이 되듯, 반야는 번뇌의 가리움만 벗어버리면 저절로 빛나게 됩니다. 그래서,

捲箔逢彌勒
권 박 봉 미 륵
가려진 것만 걷히면
언제나 미륵을 보고

開門見釋迦
개 문 견 석 가
문만 열면
언제나 석가를 보아

三三禮無上
삼 삼 예 무 상
불·법·승 3보님께
예배드리고

遊戱法王家
유 희 법 왕 가
법왕의 집에서
마음대로 유희한다.

하였습니다. 반야는 내외 표리가 없습니다. 하물며 중간이 있을 수 있겠습니까.
그러면 여기서 석가·미륵이 어떻게 생겼을까.
함허스님은 하나의 ○을 그리고,

希夷焉 희유하게
희 이 언 빛나는 것

絶情謂 감정으로서는
절 정 위 말할 수 없는 것

彷拂焉 무엇하고
방 불 언 닮은 것 같은데

看似有 있는 것 같아
간 사 유 보려고 하면

惶惚然 황홀하여
황 홀 연 볼 수가 없고

難可測 헤아리기
난 가 측 어렵도다.

하였습니다. 왜냐하면 거기에는 나도 사람도 없고, 미(迷)한 것도 깨달은 것(悟)도 없기 때문입니다.

그래서 胡來胡現 인도사람이 오면
호 래 호 현 인도사람이 나타나고

漢來漢現 중국사람이 오면
한 래 한 현 중국사람이 나타난다 하였습니다.

이것이 반야입니다. 반야에 셋이 있습니다.
① 글자를 가르치는 문자반야(文字般若)
② 비추어 보아 아는 관조반야(觀照般若)

③ 사실적으로 나타난 실상반야(實相般若)

바라밀은 이 언덕에서 저 언덕으로 건너가므로 도피안(度彼岸)이라 부릅니다.
이 언덕은
① 무상하고(無常)
② 괴롭고(苦)
③ 부자유하고(無我)
④ 더러운데(不淨)

저 언덕에 가면
① 항상(常)
② 즐겁고(樂)
③ 자유롭고(我)
④ 깨끗합니다.(淨)

그러면 그 바다는 무슨 바다입니까. 생사의 바다(生死海)입니다.
무엇을 타고 건너가야 합니까. 반야선(般若船)을 타고 건너가야 합니다.
한번 이르면 다시 오지 아니하므로 "다(多)"라 하는데, 중국 사람들은 그것을 안전하게 건너갔다 하여 "도(度)"라 합니다.

"경(經)"은 **貫穿縫綴**   구멍을 뚫어
　　　　 관 천 봉 철   서로 꿰맨 것

흩어진 말씀을 꽃 꿰듯 꿰어 질서있게 정리한 것입니다.
대개 불경은 경·율·론 3장으로 정리되어 있으며, 문장이 내용을 보면 9분교 내지 12분교로 되어 있습니다.
① 수다라(契經)
② 기야(應頌 : 重頌)
③ 가타(諷頌)
④ 니타나(因緣)
⑤ 이제목다가(本事)

⑥ 사가다(本生)

⑦ 아부다달마(未曾有)

⑧ 아파타나(譬喩)

⑨ 우바제사(論議)

⑩ 우타나(無問自說)

⑪ 비불략(方廣)

⑫ 화가라(授記)

譯者 姚秦三藏法師 鳩摩羅什
역자 요진삼장법사 구마라습

"역자"는 인도말을 중국말로 번역한 사람을 말하고,

"요진"은 주나라 효왕이 백익(伯益)의 자손인 비자(非子)를 시켜 세운 나라입니다.

지금 감숙성 천수현 일대를 말하는데, 전국 7웅의 하나로써 함양에 도읍하였다가 진시왕 때 이르러 천하를 통일하였습니다.

동진(東晉) 때는 부견이 관중에서 의거하여 세웠고, 장차에는 요장(姚萇)이 부견을 죽이고 세웠으며, 그 다음에는 걸복건귀(乞伏乾歸)가 세워 5호 16국 중의 하나로 활약하였으나 장차 자영(子嬰)에 이르러 한(漢)나라에 망했습니다.

"삼장"은 경·율·론 3장을 말합니다. 경을 경대로 수백 가지 종류가 있는데 그것을 한데 모아 저장하였으므로 창고라는 뜻으로 "장"이라 합니다. 율장·논장도 마찬가지입니다.

"법사"는 설법자·포교사·강사로써 3장을 가르치는 선생님입니다.

법화경에서는

① 수지(受持)

② 독송(讀誦)

③ 서사(書寫)

④ 해설(解說) 등 8대법사를 들고 있으나 거기 ⑤ 찬탄 ⑥ 공양법사를 합하여 10대법사라 이르기도 합니다. "부처님의 자비유인의 옷을 입고 금강불좌에 앉아 두려움없는 법을 설하는 자라" 하였습니다.

"구마라습" 스님은 동수(童壽)로써 구자국왕의 누이동생 기바가 인도스님 구마라염을 만나 태어났기 때문에 아버지 이름과 어머니 이름을 합하여 구마라기바라 불렀습니다. 7세에 출가, 어머니를 따라 여러 곳으로 다니다가 계빈에서 반두달다를 만나 근본불교를 배우고 소륵국에서 수리야소바를 만나 대승불교를 익힌 뒤 본국에 돌아와 비마라차에게 율을 배웠습니다.

383년 진왕 부견이 여광을 시켜 구자국을 치고 구마라습을 데리고 양주로 왔으나 부견이 폐하였다는 말을 듣고 스스로 왕이 되었습니다.

그 뒤 후진의 요흥이 401년 양(梁)을 치고 구마라습을 데리고 장안으로 와서 국빈대접을 하고 서명각 소요원에서 여러 경전을 번역케 하였는데, 성실론·10송률·대품반야경·묘법연화경·아미타경·중론·십주비바사 등 74부 380권을 번역하였습니다. 특히 3론·중관·십주비파사를 널리 포교하여 장차 3론종의 개조가 되었습니다. 3천명 제자 가운데 도생·승조·도융·승예 등은 라집, 문하 10철로 불렀고, 413년 8월 74세로 장안 대사에서 입적하였습니다.

Ⅰ 序分(금강경의 서론 부분)

서분·정종분·유통분 3분의 구분은 중국의 도안스님이 처음 창안한 것입니다.

　　　　第一　法會因由分　　경전을 편찬하게 된　　平常般若
　　　　제 일　법 회 인 유 분　　동기를 밝힌 부분　　　평 상 반 야

"제일"은 중국의 소명태자가 금강경을 총32분으로 구분하였는데 그 가운데 제1분에 해당된다는 말입니다.

"법회인유분"에는 모든 경전이 부처님 경전임이 틀림없다는 것을 증명하는 "증신서"와 이 경전의 서문이 되는 "발기서" 두 가지가 나옵니다.

다음은 증신서입니다.

　1.　證信序　　　불경이 틀림없음을
　　　증 신 서　　　증명하는 서문

[원문·역문]

　　如是我聞 一時 佛　　　　이렇게 내가 들었다.
　　여 시 아 문　일 시　불　　　어느 때 부처님께서

　　在舍衛國 祇樹給孤獨園　　사위국
　　재 사 위 국　기 수 급 고 독 원　　기수급고독원에

　　與大比丘衆　　　　　　　대
　　여 대 비 구 중　　　　　　비구스님들

千二百五十人 俱
천 이 백 오 십 인 구

1250인과
함께 계셨다.

[단어 · 숙어]

이 글은 부처님께서 아난존자에게 장차 경전을 편집할 때는
"① 어떠한 법(如是)을
② 누가(我)
③ 어느 때(一時)
④ 누구에게(佛)
⑤ 어떤 장소에서(祇樹給孤獨園)에서
⑥ 누구누구와 함께(與千二百五十人) 들었다(聞) 하는 것을 반드시 책 머리에 기록하라" 하여 이것을 육성취(六成就)로써 모든 경전의 서문으로 쓴 것입니다. 불교경전이 다른 경전과 다른 것은 반드시 이 6하 원칙이 있다는 사실입니다.

그러므로 여기서
① 여시(如是)는 금강경 법문을 가르친 것이고,
② 나(我)는 이 법문을 들은 아난존자를 가르키며,
③ 일시(一時)는 금강경을 들은 그때 부처님 성도 후 20여년 경을 말하고,
④ 불(佛)은 부처님 즉 깨달은 사람이고
⑤ 사위국기수급고독원(舍衛國祇樹給孤獨園)은 사위국에 있는 절 이름입니다.

"사위국"은 빠세나디왕이 다스리는 나라 이름이고
"기수"의 "기"는 기타태자를 말하고, "수"는 기타태자가 보시한 나무를 말합니다. 기타태자가 이 절을 지을 때 나무를 보시하였기 때문입니다.
"급고독"은 인도말로는 "아나타삔디까"라 합니다. 원 이름은 수닷다인데 고독한 사람들에게 배급을 잘 주어 "급고독" 즉 아나타삔디까란 별명이 생기게 된 것입니다.
"원"은 공원입니다. 인도에서는 스님들이 사는 절을 "승가람"이라 부르는데, "가람"은 중국 사람들이 대중스님들이 사는 공원이라 번역하여 "중원(衆園)"이라 하였기 때문에 기수급고독원이라 한 말이 생기게 된 것입니다.

"천이백오십인"은 그때 그 장소에 모여 있는 대중들을 말하니, 3가섭의 제자 1천명과 싸리뿟따와 목갈라나 제자 250명을 합한 것이라 하나, 거기 앗사지스님이 포함되어 있는 것으로 보면 처음 녹야원에서 제도된 5비구와 야사의 친구 54인도 함께 있었지 않았는가 생각합니다.

그러니까 이곳은 금강경 법문을 듣기 위해 모여온 사람과 장소, 일시 등을 밝힌 곳입니다.

2. 發起序 (발기서)
금강경을 발기하게 된 동기를 밝힌 부분

[원문·역문]

| 爾時 世尊 食時에 | 그때 세존께서 |
| 이 시 세 존 식 시 | 밥 때가 되어 |

着衣持鉢 入舍衛大城
착 의 지 발 입 사 위 대 성
옷 입고 밥그릇을 가지고
사위성에 들어가

乞食 於其城中
걸 식 어 기 성 중
밥을 비실 때
그 성중에서

次第乞已 還至本處
차 제 걸 이 환 지 본 처
차례로 비시고
본 처에 돌아오셔서

飯食訖 收衣鉢
반 사 흘 수 의 발
밥을 잡수시고
옷과 발우를 거두시고

洗足已 敷座而坐
세 족 이 부 좌 이 좌
발을 씻고
자리를 깔고 앉으셨다.

[단어·숙어]

이곳은 반야지혜를 개발하는 사람이 어떻게 살 것인가를 밝힌 곳입니다. 이 세상 뭐니뭐니해도 가장 중요한 것이 옷입고 밥먹고 제자리에 앉아 일하는 것입니다.

그러니, "그때(爾時)"는 부처님께서 기수급고독원에서 천이백 대중과 함께 계신 바로 그때이고,

"세존(世尊)은 여래 10호의 1인데 세상에서 존경을 받을 만한 인격을 갖추신 이라 하여 세존이라 불렀습니다.

보통 부처님 명호를

① 여래(如來) : 참되고 한결같은 마음으로부터 이 세상에 오신 분,
② 응공(應供) : 남의 공양을 받을만한 자격이 있는 분,
③ 정변지(正徧知) : 바르게 두루두루 다 아시는 분,
④ 명행족(明行足) : 3세의 일을 밝게 알아 행하시는 분,
⑤ 선서(善逝) : 이 세상에 때에 맞추어 잘 왔다 가시는 분,
⑥ 세간해(世間解) : 세간에서 일어나는 일들을 잘 아시는 분,
⑦ 무상사(無上士) : 그 이상 스승이 없이 모든 것을 스승삼아 사시는 분,
⑧ 조어장부(調御丈夫) : 장부들을 잘 조절하시는 분,
⑨ 천인사(天人師) : 모든 인천의 스승이 되시는 분,
⑩ 불(佛) : 모든 것을 확실하게 깨달으신 분.

이 열 가지 별호를 부르는 부처님. 이 부처님이 이 열 가지 호를 갖추어 중생들의 마음을 알고 깨닫게 해주시기 때문에 진짜 존경을 받을만한 것이다 하여 총호로써 세존이라 부른 것입니다.

"식시(食時)"는 밥 때이니 불승들이 하루에 한때씩 밥을 얻으러 가는 그 시간, 즉 아침 6시부터 오전 10시 사이를 말합니다.

"착의지발(着衣持鉢)"은 옷입고 밥그릇을 가졌다는 말입니다. 옷은 3의 ① 속옷(안타회)과 ② 중간옷(울다라승) ③ 겉옷(승가리)을 말하고, 밥그릇은 발우를 말합니다. 이 삼의일발(三衣一鉢)은 출가 승려의 생명의 도구이므로 누구나 자기 것은 자기가 챙깁니다.

"입사위대성(入舍衛大城)"은 물자가 풍부한 도시라 하여 풍덕성이라고도 부르는데, 꼬살라국의 서울입니다. 시민들이 많이 살고 시가 컸으므로 대성이라 합니다. 시 밖에서부터 시 안으로 들어갔기 때문에 사위성에 들어갔다 합니다.

"걸식(乞食)"은 밥을 비는 것인데,

첫째는 하심하고

둘째는 중생의 복전이 되며

셋째는 함께 더불어 살기 위해서 밥을 얻는다 하였습니다.

그런데 불승들이 밥을 얻을 때는 주는 집만 가는 것이 아니고, 빈·부·귀·천에 차별없이 밥을 비시기 때문에 "그 성중에서 차례로 밥을 빌었다(於其城中次第乞已)" 하신 것입니다.

그런데 밥을 빌면 그 자리에서 먹는 것이 아니고 반드시 본자리로 가지고 와서 4분식을 합니다.

① 힘없어 밥을 얻으러 가지 못하는 사람들에게 한몫을 주고,

② 일반 걸인들에게 한몫을 주며,

③ 비·금·주·수, 개·고양이 등에게 한몫을 주고,

④ 오직 한몫만 자신이 먹으므로

"본자리로 돌아와(還至本處) 밥을 먹었다(飯食訖)" 하신 것입니다.

한문 글자로 밥식 자(食)를 밥을 먹는다 할 때는 "먹을 사"자로 읽기 때문에 "반사흘"이라 하는 것입니다.

또 밥을 다 먹었으면 출행할 때 입었던 옷들을 벗어놓고 발우를 씻어 챙겨놓기 때문에 "수의발(收衣鉢)"이라 한 것이고, 옷과 발우를 챙겨놓고 나면 발씻고 제자리에 앉아서 자기 할일에 충실해야 하기 때문에 "발씻고(洗足已) 자리 깔고 앉았다(敷座而坐)"한 것입니다.

그런데 규봉스님은 이곳을 중생을 교화하는 일곱 가지 중대한 일로 표기하였습니다.

말하자면,

① 화주(세존)

② 화시(밥때)

③ 화의(교화의 의식, 복장단정히 하고 밥그릇 챙기고)

④ 화처(교화한 장소를 알고)

⑤ 화사(교화해야 할 일을 알고)

⑥ 화등(평등한 마음으로 일곱 집을 거치고)

⑦ 화종(교화하여 일을 마치면 본자리로 돌아와 자신의 일을 하는 것)

으로 나누어

① 삶의 방편을 실천하여(屛資緣)
② 몸과 마음을 깨끗이 하고(淨身業)
③ 안정된 생활을 하였다(正入定) 하였습니다.

금강경을 배운다는 것은 초등학교·유치원 교육에서 배운 아함경의 인과법문과 방등경의 인연법을 실천하여 자타의 행이 가정과 사회에 어떤 영향을 줄 것인가 정도를 알면 자기 마음의 때를 벗겨 밝고 맑은 마음으로 자리이타에 충만한 생활을 하여야 하므로 이 같은 방법으로 제자들을 가르쳤다 하였습니다.

생각하면 부처님은 만승의 천자로 한 가지도 부족한 점이 없었지만 실제 밥을 얻어 먹음으로써 사해(四海) 중생들의 생활상을 이해하고 도왔으며, 제자들에게는 하심법을 가르쳐 공부의 터전을 마련해 주었던 것입니다.

그러므로 "법회인유분"에서는 평상시 밥먹고 옷입는 이치를 가르치고 있어 나는 이곳을 "평상반야(平常般若)"라 부릅니다. 반야란 어떤 특수한 곳에서만 사용하는 것이 아니라 평상시 밥먹고 옷입고 발씻고 설거지 하는데서 그 본성이 그대로 드러나기 때문입니다.

그러므로 야부스님이

【원문·역문】

指天指地 獨立之人
지 천 지 지 독 립 지 인

하늘 땅 가르치는
독립지인이

淨裸裸 赤洒洒 沒可把
정 나 나 적 쇄 쇄 몰 가 파

쫴 벗고 물 뿌려
잡을 수 없어

不動纖毫合本然
부 동 섬 호 합 본 연

털끝 만큼도 동하지 않고
본연에 합하여

知音自有松風和
지 음 자 유 송 풍 화

자기 소리를 알고
솔바람에 화한 것이다.

하였습니다.
원겁일념(遠劫一念)에 걸림없고 고금시종(古今始終)이 모두 한자리에서 통해지는 까닭입니다.

맑은 바람 밝은 달이 항상 따라 흐르면 복숭아꽃은 붉고 배꽃은 희고 장미는 붉더라도 봄·여름·가을에 장애될 것이 없습니다. 밥 잡수셨습니까. 옷 입으셨습니까. 속옷 바람으로 앉아서 밥 잡수시고 어린이들 보고 옷 입으라 하면 어린아이들 눈이 하늘 끝까지 올라갑니다. 어떤 사람들은 거짓말 잘하고 도둑질 잘하는 사회가 되었다고 원망하는 사람들이 있는데, 먼저 우리들 자신을 돌아보고 남을 가르킬 일입니다.

우리 사회가 잘되려면 5계만 잘 지켜도 됩니다. 헌법·민법·상법이 무슨 소용이 있습니까. 그러므로 전륜성왕의 나라에서는 1법으로 세상을 다스린다 하고, 부처님 세상에는 그 일법도 필요없다 하였습니다.

Ⅱ. 정종분(正宗分)

여기서부터 제32 응화비진분 가운데 "일체유위법·여몽환포영 여로역여전 응작여시관"까지가 정종분입니다.

무착스님은 이 정종분을 7종의구와 18주위로 나누어 설명했습니다.

7종의구는,

① 불종성이 끊어지지 않게 한 것이니 호념부촉(護念付囑)이 그것이고,
② 발기행상이니 신청찬허(申請讚許)가 그것이며,
③ 행소주처이니 18주위가 그것이고,
④ 대치사집이니 바른견해를 따라 문답한 것이 그것이며,
⑤ 중도를 잃지 않게 한 것이니, 증감을 여읜 것이 그것이고,
⑥ 성현의 지위이니, 신행·정심·여래지가 그것이며,
⑦ 지혜의 이름을 내새운 것이니 금강반야가 그것이라 하였습니다.

18주위는,

① 발심주는 "여시항복기심 ~ 소유일체중생등"까지이고,

② 바라밀상응주는 "부주색보시"가 그것이며,
③ 욕득색신주는 "가이신상경"이 그것이고,
④ 욕득법신주는 "파유중생 ~ 3천대천세계 7보"까지가 그것이며,
⑤ 수도득승무만주는 "수다원" 등이 그것이고,
⑥ 불이불출시주는 법을 얻고 얻지 못한 것을 밝힌 곳이고,
⑦ 원정불토주는 "장엄불토부"까지가 그것이며,
⑧ 성숙중생주는 "수미산"까지가 그것이고,
⑨ 원이수순외론산란주는 "여항하사중 소유사"까지가 그것이며,
⑩ 색신파상주는 "3천대천세계"까지가 그것이고,
⑪ 공양급시여래주는 "가히 32상 견여래불등"이 그것이며,
⑫ 원이이양주는 "항하사신명보시등"이 그것이고,
⑬ 인고주는 "활절신체등"이 그것이며,
⑭ 이적정미주는 "당래지세"가 그것이고,
⑮ 원이등주는 "운하항복등"이 그것이며,
⑯ 구불교수주는 "연등불소 ~ 유법득보리등"이 그것이고,
⑰ 중도주는 초지이고
⑱ 불지주는 2지~10지에 해당된다 하였습니다.

이것은 금강경을 안팎으로 완전히 소화시킨 뒤 자세히 살펴보면 알 수 있습니다.

다음은 선현기청분입니다.

第二 善現起請分 수보리가 자리에서 일어나 儀式般若
제이 선현기청분 부처님께 법문을 청한 곳 의식반야

여기에 질문자의 자세를 말한 "정의찬불"과 바로 물은 "정발문단"이 있고 부처님께서 답변해 주실 것을 허락한 "여래찬허"가 있습니다.

1. 整儀讚佛   복장 단정히 하고
정의찬불   부처님을 찬탄한 곳

[원문 · 역문]

時 長老須菩提 시 장로수보리	그때 장로 수보리가
在大衆中 卽從座起 재대중중 즉종좌기	대중 가운데 있다가 곧 자리로부터 일어나
偏袒右肩 右膝着地 편단우견 우슬착지	윗옷을 바른쪽 어깨에 벗어 메고 바른쪽 무릎을 땅에 꿇고
合掌恭敬 而白佛言 합장공경 이백불언	합장 공경하고 나서 부처님께 사뢰었다.
希有世尊 희유세존	"희유하십니다. 세존이시여,
如來善護念諸菩薩 여래선호념제보살	여래께서는 모든 보살들을 잘 보살펴 주시고
善付囑諸菩薩 선부촉제보살	모든 보살들에게 잘 당부하십니다.

[단어 · 숙어]

"그때(時)"는 부처님께서 자리 깔고 앉으셨을 때입니다.
"장로"는 나이가 많고 지혜가 뛰어난 덕있는 스님을 말합니다.

"수보리"는 태어나면서부터 좋은 꿈을 꾸었으므로 선길·선현·공생이라 번역하고,

"자리로부터 일어났다(復座起)"는 것은 앉은 자리로부터 일어났다는 말입니다.

"편단우견"은 복장 단정히 한 것이고,

"오른쪽 무릎을 꿇은 것"은 하심한 것이며,

"합장공경"은 뜻을 모아 공경한 것입니다.

이것은 인도사람들이 상대방에게 질문을 할 때 행하는 의식입니다.

① 먼저 자리에서 일어나고,
② 복장 단정히 하며,
③ 무릎 꿇고,
④ 합장 공경하며,
⑤ 찬탄한 뒤 질문을 하게 되어 있습니다.

찬탄은 두 가지로 하였습니다.
첫째는 "희유"로써 하시고,
둘째는 "선호념제보살·선부촉제보살"로 하였습니다.
① 부처님이 왕가에 태어나신 것이 희유하고,
② 상호를 원만히 갖춘 것도 희유하며,
③ 출가하여 도를 닦은 것도 희유하고,
④ 도를 깨달아 생사에서 벗어난 것도 희유하며,
⑤ 중생을 위해 8만4천 법문을 설한 것도 희유하고,
⑥ 법·보·화 3신을 구비하여 보살들을 호념하고 부촉한 것도 희유합니다.

"호념(護念)"은
① 증해심을 일으키지 않게 하고,
② 6진에 물들지 않게 하며,
③ 생사에 떨어지지 않게 하되
④ 파사현정으로 자기 성품을 잘 지켜가게 한 것이고,

"부촉(付囑)"은
반야법으로 잘 호념하여 앞뒤 생각을 모두 청정하게 가지는 것입니다.

그리고 "보살"은 도심중생(道心衆生)으로 각유정(覺有情)이라 번역합니다. 일체중생을 공경하여 준동함령에 이르기까지 경만심을 갖지 않게 하는 것입니다.

그러므로 야부스님은

| 隔山見煙
격 산 견 연 | 담장 넘어
뿔을 보고 |
| 隔墻見角
격 장 견 각 | 소를 안
격이로다. |

獨坐巍巍 독 좌 외 외	높이 홀로 앉아
天上天下 천 상 천 하	천상 천하
南北東西 남 북 동 서	남북 동서에서
讚龜打瓦 찬 구 타 와	거북이 껍질로 점치고 기와를 던져 길흉을 안 것이다.

하였습니다. 이것이 곧 질문자의 자세이고 진짜 법답게 질문한 것입니다.

2. 正發問端   바로
   정 발 문 단   질문하였다.

[원문·역문]

世尊 善男子善女人   세존이시여,
세 존 선 남 자 선 녀 인   선남자·선여인이

| 發阿耨多羅三藐三菩提心 | 아뇩다라삼먁삼보리심을 |
| 발 아 뇩 다 라 삼 먁 삼 보 리 심 | 발한 이는 |

| 應云何住 | 어떻게 |
| 응 운 하 주 | 그 마음을 머물며 |

| 云何降伏其心 | 어떻게 그 마음을 |
| 운 하 항 복 기 심 | 항복받아야 하겠나이까. |

[단어·숙어]

"선남자·선여인"은 평탄심·정혜심을 가지고 일체공덕을 성취한 사람이고,

"발아뇩다라삼먁삼보리"는 위없는 보리심을 낸 것이니, 인과·인연, 마음의 도리를 깨닫고자 발심한 사람입니다.

"운하주(云何住)"는 삶의 방법과 도 닦는 방법을 물은 것이고,

"항복기심(降伏其心)"은 번뇌망상을 항복받는 방법을 물은 것입니다.

왜냐하면 수보리가 잠깐도 안정하지 못한 조요부정(操搖不停)한 마음과 문틈에서 일렁거리는 극진표풍(隙塵飄風)한 중생심을 보았기 때문입니다.

다음은 여래께서 답변해 주실 것을 허락한 곳입니다.

3. 여래찬허
如來讚許

부처님께서
답변해 주실 것을 허락한 곳

[원문·역문]

| 佛言 善哉善哉 | 부처님께서 말씀하셨습니다. |
| 불언 선재선재 | "착하고 착하도다. |

| 須菩提 如汝所說 | 수보리야, |
| 수보리 여여소설 | 너의 말과 같이 |

| 如來 善護念諸菩薩 | 여래께서는 |
| 여래 선호념제보살 | 모든 보살을 |

| 善付囑諸菩薩
선 부 촉 제 보 살 | 잘 보살피고
잘 당부하느니라. |

| 汝今諦聽 當爲汝說
여 금 체 청   당 위 여 설 | 너희들은 이제
자세히 들으라. |

| 善男子善女人
선 남 자 선 녀 인 | 선남자·선여인이 |

| 發阿耨多羅三藐三菩提心
발 아 뇩 다 라 삼 먁 삼 보 리 심 | 아뇩다라삼먁삼보리심을
일으킨 이는 |

| 應云是住
응 운 시 주 | 마땅히 그 마음을
이와 같이 머물고 |

| 如是降伏其心
여 시 항 복 기 심 | 그 마음을 이와 같이
항복받을지니라.” |

| 唯然世尊
유 연 세 존 | “그러하겠습니다.
세존이시여, |

| 願樂欲聞
원 요 욕 문 | 즐겨 듣고자
하나이다.” |

[단어·숙어]

이곳은 수보리의 물음을 따라 먼저 자기를 긍정하고 답변해주실 것을 말씀하시니 수보리가 즐겨 듣겠다 말씀하신 곳입니다.

"자기긍정"은 "네 말과 같이 여래는 모든 보살들을 잘 호념하고 부촉한다" 하신 것이 그것이고, 수보리의 대답은 "예. 그렇게 하겠습니다 세존님. 즐겨 듣겠습니다" 하신 것이 그것입니다.

"즐거울 락(樂)"자는 악기 치고 노래 부를 때는 "악"자로 읽고, 즐겨 한다고 할 때는 "락"자로 읽으며, "좋아한다"는 뜻으로 읽을 때는 요산요수(樂山樂水)하는 것처럼 "요"자로 읽습니다.

여기까지 해서 "제2 선현기청분"이 끝났습니다. 다음은 제3 대승정종분입니다.

第三 大乘正宗分
제삼 대승정종분
대승의 바른뜻을 실현하는 부분

無相般若
무상반야

"자리자각"에만 열중하는 것을 소승이라 하고, "자리이타 각행원만"을 실천하는 것을 대승이라 합니다.

그리고 그 대승의 정신을 어긋나지 않게 도 닦고 중생을 교화하여 불국정토를 장엄하는 것을 "정종"이라 합니다.

규봉스님은 이 대문을 네 부분으로 나누어 설명하였습니다.

먼저는 "보살은 이 같은 마음을 가져야 한다"고 하여 주수 항복을 한꺼번에 답해 주신 곳이고,

9류 중생을 중생차별·의지차별·경계차별로 나누고, 그들을 제도하는데는

① 넓고 큰마음(廣大心)
② 가장 훌륭한 마음(第一心)
③ 영원한 마음(常心)
④ 잘못되지 않는 마음(不顚倒心) 넷으로 나누어 설명하였습니다.

1. 번뇌 먼저 항복하라

[원문·역문]

佛 告須菩提
불 고수보리

諸菩薩摩訶薩
제보살마하살

應如是降伏其心
응여시항복기심

부처님께서 수보리에게 말씀하셨다.

"모든 보살마하살은 마땅히 이와 같이

그 번뇌의 마음을 항복시킬 것이니라.

[단어·숙어]

"이와같이"란 다음과 같이 그 마음을 항복받아야 한다고 하신 말씀입니다.

다음은 중생의 종류에 대해서 구체적으로 설명합니다.

2. 중생의 여러 가지 종류

[원문 · 역문]

所有一切 衆生之流 소유일체 중생지류	무릇 있는 바 모든 중생의 종류인
若卵生 若胎生 약 난 생 약 태 생	알로 생긴 것, 태로 생긴 것,
若濕生 若化生 약 습 생 약 화 생	습기(濕氣)로 생긴 것, 화하여 생긴 것,
若有色 若無色 약 유 색 약 무 색	형상있는 것, 형상없는 것,
若有想 若無想 약 유 상 약 무 상	생각있는 것, 생각없는 것,
若非有想若非無想 약 비 유 상 약 비 무 상	생각이 있는 것도 아니고, 없는 것도 아닌 것들을

[단어 · 숙어]

"중생"이란 감정을 가지고 살아가는 모든 존재들을 말하는데, 그 종류에는
첫째 태어나는 방법 따라
① 알로 태어나는 것은 난생이고,
② 태로 태어나는 것은 태생이며,
③ 습속에 태어나는 것은 습생이고,
④ 변화하여 태어나는 것은 화생입니다.

이것이 중생차별이고, 다음은 그들이 무엇을 의지하여 살아가느냐에 따라,

① 색상을 의지해서 존재하는 것은 유색이고,

② 색상 없이도 살아가는 것은 무색이며,
③ 생각을 의지해서 살아가는 것은 유상이고,
④ 생각이 없지도 있지도 아니한 것은 유상무상입니다.

그러나 그들이 사는 경계로 보면,

① 욕심의 세계에서 사는 욕계,
② 색상의 세계에서 사는 색계,
③ 무색계의 세계에서 사는 무색계가 있습니다.

육조스님은
① 성품이 어리석으면 난생이 되고,
② 습관을 의지하여 태어나면 태생,
③ 삿된 성품을 따르면 습생,
④ 전진성만 있고 후퇴성이 없으면 화생이 된다 하고,
또
⑤ 도를 닦되 안으로 시비에 걸려 무상에서 벗어나지 못하면 유색이 되고,
⑥ 바른 도를 지키면서도 남을 공경 공양하지 못하면 무색이 되며,
⑦ 중도를 알지 못하여 깨달은 행을 말로만 하면 무상이 되고,
⑧ 유·무 2상에 집착하지 아니하면 비유상이 되는데,
⑨ 그래도 아직 이치를 구하는 마음이 남아 있으면 비무상이 된다 하였습니다.

[원문·역문]

我皆令入無餘涅槃
아 개 영 입 무 여 열 반

내가 모두 다 교화하여
열반에 들게 하여

而滅度之
이 멸 도 지

제도
하리라."

如是滅度無量無數無邊衆生
여 시 멸 도 무 량 무 수 무 변 중 생

이렇게 한량없이 많은
중생을 제도하지만

| 實無衆生 得滅度者 | 실로 한 중생도 |
| 실 무 중 생 득 멸 도 자 | 제도된 바가 없느니라. |

| 何以故 須菩提 | 왜냐하면 |
| 하 이 고 수 보 리 | 수보리야, |

| 若菩薩 有我相人相 | 보살은 나라는 생각, |
| 약 보 살 유 아 상 인 상 | 남이라는 생각 |

| 衆生相 壽者相 하면 | 중생이라는 생각, |
| 중 생 상 수 자 상 | 오래 산다는 생각이 있으면 |

| 卽非菩薩 | 이는 곧 보살이 |
| 즉 비 보 살 | 아니기 때문이니라." |

[단어·숙어]

부처님은 그래도 이들 중생들을 남음없이 제도해야 한다 하였으니 이것이 광대심입니다.

다음 제일심·상심·불전도심은

"모두 무여열반에 들게 하는 것"을 제일심(가장 훌륭한 마음)이고,

"이렇게 무량무수무변 중생을 제도하는 것"은 상심이고,

"아상·인상·중생상·수자상"을 내지 않는 것은 불전도심입니다.

왜냐하면 보살은 앞생각 뒷생각이 모두 청정하여 물러나는 마음이 없기 때문입니다.

실로 중생은 양이 없고 수가 없고 끝도 갓도 없습니다. 그러나 그들 속에는 다 불성이 있어 깨닫기만 하면 본래 부처가 되기 때문에 상을 내지 말라고 하는 것입니다.

사실 알고 보면 중생이 따로 없습니다. 부처도 어리석으면 중생이 되고, 중생도 깨달으면 즉시 부처가 되기 때문입니다.

"멸도"의 멸은 번뇌망상을 없앤다는 뜻이고, "도"는 생사의 바다를 건너간다는 뜻입니다.

그러나 불교는 깨닫는 것이기 때문에 본래 우리 마음에 번뇌가 없는 줄 알면 곧 멸이 되고 생사가 둘이 아닌줄 알면 "도"가 되는 것입니다.

"보살"은 문수·보현과 같은 입장에서 보면 깨달은 중생이고, 중생의 입장에서 보면 깨달을 중생입니다. 그러나 그 깨닫고 깨닫지 못한 마음에 걸림없이 갖가지 바라밀을 실천하되 실천했다는 생각이 없으면 그가 곧 마하살입니다.

"아상"은 이 몸을 나라고 고집하는 생각, 또는 족보를 내세워 너·나를 따지는 것이고,

"인상"은 공부한 이력을 가지고 인격을 따지는 것이며,

"중생상"은 중생들에게 좋은 일 하는 것을 내세워 자기 자랑하는 것이고,

"수자상"은 자기 혼자만 건강하고 오래 살려고 하는 마음이니 극락·천당심을 가지고 이 세상을 업신여기면 곧 수자상이 됩니다.

요즘말로 하면 학교 선생님이나 교수가 학생들에게 자기 족보나 이력을 자랑하고 좋은 일 한 것이나 건강한 것만을 자랑하며, 남을 업신여긴다면 그러한 사람은 지도자(교사)의 자격이 없다는 말입니다.

그러므로 야부스님이

頂天立地 정 천 입 지	머리는 하늘을 들고 다리는 땅을 밟고 있으며
鼻直眼橫 비 직 안 횡	코는 곧게 눈은 옆으로 찢어져 있어
赫赫分明 혁 혁 분 명	제 빛을 분명히 가지고
光吞萬像 광 탄 만 상	삼라만상을 삼키고 있다.

한 것입니다. 그러므로 지도자는 관대한 마음으로 가장 훌륭한 생각으로 언제나 변함없이 중생을 제도할지라도 거꾸러진 마음을 가지면 보살이 될 수 없다 한 것입니다.

다음은 묘행무주분으로 삶의 방법을 밝힌 곳입니다.

第四 妙行無住分   묘한 행은   無住般若
제사 묘행무주분   주착하지 않는다.   무주반야

대의는 6근이 6경에 주착하지 말고 6도만행을 실천하라 하였습니다. 인과응보에 집착하면 윤회의 세계에 떨어지기 때문입니다.

1. 무주상보시(無住相布施)

[원문·역문]

復次 須菩提
부차 수보리

"또
수보리야,

菩薩 於法
보살 어법

보살은 마땅히
어떠한 법에도

應無所住 行於布施
응무소주 행어보시

머문 바 없이
보시를 행할지니라.

所謂 不住色 布施
소위 부주색 보시

이른바 형상에 머물지 말고
보시할 것이며,

不住聲香味觸法 布施
부주성향미촉법 보시

소리·냄새·맛·감촉과 온갖 법에
머물지 말고 보시해야 하느니라.

須菩提 菩薩
수보리 보살

수보리야,
보살이

應如是布施 不住於相
응여시보시 부주어상

이렇게 보시하여 상에
머물지 말아야 할 것이니

何以故 若菩薩
하이고 약보살

왜냐하면
만약 보살이

不住相布施 하며
부주상보시

상에 머물지 않고
보시하면

| 其福德 不可思量 | 그 복덕이 가히 생각으로 |
| 기 복 덕   불 가 사 량 | 헤아릴 수 없기 때문이다." |

【단어 · 숙어】

"법"은 색 · 성 · 향 · 비 · 촉 · 법의 법입니다.

"보시"는 베푸는 것으로 ① 재물보시와 ② 법보시 ③ 무외시가 있습니다.

부처님은 5근을 가지고 6바라밀을 실천하여 32상호를 형성하고 제6의식을 안팎으로 잘 써서 32상을 성취하였다고 합니다.

왜냐하면 상에 머무르지 않고 보시하면 그 복덕이 한량없기 때문입니다.

施門通六行	보시는
시 문 통 육 행	6도에 다 통하고
尸羅得淸淨	계율은
시 라 득 청 정	청정을 얻고
忍心如幻夢	인욕은
인 심 여 환 몽	몽환과 같고
進修名焰地	정진은
진 수 명 염 지	불꽃과 같다.
禪河隨浪靜	선하에
선 하 수 랑 정	물결이 자니
慧燈如朗日	지혜의 등불이
혜 등 여 랑 일	태양처럼 솟는다.

부처님은 그 복덕을 동서남북, 4유상하 허공에다 비유하였습니다.

2. 무주상보시공덕

【원문 · 역문】

| 須菩提 於意云何
수보리 어의운하 | "수보리야, 너는
어떻게 생각하느냐. |

東方虛空 可思量不
동방허공 가사량부

동방 허공을 생각으로
다 헤아려 알 수 있느냐."

不也 世尊
불야 세존

"할 수 없나이다.
세존이시여."

須菩提 南西北方
수보리 남서북방

수보리야,
남서북방과

四維上下虛空 可思量不
사유상하허공 가사량부

4유상하 허공을 가히
생각으로 헤아릴 수 있겠느냐.

不也 世尊
불야 세존

"할 수 없나이다.
세존이시여."

須菩提 菩薩
수보리 보살

수보리야,
보살이

無住相布施福德
무주상보시복덕

상에 머물지 않고
보시하는 복덕도

亦復如始 不可思量
역부여시 불가사량

또한 이와 같아서 생각으로
헤아릴 수 없나니라.

須菩提 菩薩
수보리 보살

수보리야,
보살이

但應如所教住
단응여소교주

다만 마땅히 가르친
바와 같이 머물지니라.

【단어 · 숙어】

"허공"은 불가칭 불가량 무유궁진(無有窮盡)이기 때문입니다.
그러므로 야부스님이

虛空境界豈思量
허 공 경 계 기 사 량

허공 경계를
어떻게 생각하겠는가.

大道淸由理更長
대 도 청 유 리 갱 장

대도는 맑고 깨끗하여
이치가 더욱 자라난다.

但得五湖風月在
단 득 오 호 풍 월 재

단지 5호에
바람 달 있으면

春來依舊百花香
춘 래 의 구 백 화 향

봄이 오면 옛대로
백가지 꽃이 피리라.

하고,

西天十樣錦
서 천 십 양 금

서천
열새 비단에

添花色轉鮮
첨 화 색 전 선

꽃을 수놓으니
색이 더욱 아름답다.

欲知端的意
욕 지 단 적 의

단적의 뜻을
알고자 한다면

北斗南面看
북 두 남 면 간

북두칠성을
남쪽을 향하여 보라.

하였습니다. 칠성별이 어찌 북쪽에만 있겠습니까. 분별심 버리고 보면 남두칠성도 보고, 서두칠성도 보고, 동두칠성도 볼 것입니다. 남자라고 남자 생각만 하지 말고, 반대로 여자가 되어 한번 생각해 보시고, 여자 또한 남자가 되어 보십시오. 그림자 없는 나무에 깨달음의 꽃이 활짝 필 것입니다.

사실 금강경 법문은 여기서 다 끝났는데, 수보리의 의심을 따라 27번 답변을

해주는 것이 다음부터 나옵니다.

　수보리가 ① "부처님께서 오랜 세월 바라밀을 닦으신 것은 다 부처되기 위해서 한 것이 아닌가?" 하는 의심을 가졌기 때문에 이치대로 사실대로 보라고 하여 "여리실견분"을 설하게 됩니다.

第五 如理實見分
제오 여리실견분

이치대로
사실대로 보라.

實相般若
실 상 반 야

[원문 · 역문]

須菩提 於意云何
수 보 리 어 의 운 하

"수보리야, 너는
어떻게 생각하느냐.

可以身相 見如來不
가 이 신 상 견 여 래 불

육신의 몸매로써
여래를 볼 수 있겠느냐."

不也 世尊
불 야 세 존

"아니옵니다.
세존이시여."

不可以身相 得見如來
불 가 이 신 상 득 견 여 래

육신의 몸매로써
여래를 볼 수 없사옵니다.

何以故 如來所說身相
하 이 고 여 래 소 설 신 상

왜냐하면 여래께서
몸이라고 말씀하신 것은

卽非身相
즉 비 신 상

몸이 아니기
때문입니다.

佛 告須菩提
불 고 수 보 리

부처님께서 수보리에게
말씀하셨다.

凡所有相 皆是虛妄
범 소 유 상 개 시 허 망

무릇 있는 바
모든 현상은 다 허망하니

若見諸相非相
약 견 제 상 비 상

만약 모든 상이 진실상이
아닌 줄을 알면

卽見如來
즉 견 여 래

곧 여래를
보리라.

[단어 · 숙어]

"신상"은 4대 색신의 모습을 말하고,
"여래"는 법신여래를 말합니다. 색신은 상이고 법신은 성입니다.
"신상이 신상이 아니라"는 것은 지·수·화·풍 4대로 이루어졌기 때문입니다.

"다 허망하다"고 한 것은 시간 따라 변해가고, 인연따라 모였다 흩어졌다 하기 때문입니다. 거기에는 나도 없고 내 것이라 할 것도 없습니다. 단지 보는 놈이 누군가 보아야 합니다. 보는 놈은 상이 아니기 때문입니다. 여기서 저 유명한 "산은 산이요 물은 물"이란 법문이 나왔습니다. 색신은 어디까지나 색신이고, 법신은 어디까지나 법신인데, 이 도리를 정확히 아는 사람은 산속에서 물을 보고 물속에서 산을 볼 수 있다는 말입니다.

그래서 종경스님은,

一月普現一切水　　　한 달이
일 월 보 현 일 체 수　　일체수에 나타나니

一切水月一月攝　　　물속의 달들이
일 체 수 월 일 월 섭　　한 달에 거두어진다.

하고,

報化非眞了妄緣　　　보신과 화신은 망연에 의해
보 화 비 진 요 망 연　　만들어진 것이므로

法身淸淨廣無邊　　　법신만이 청정하여
법 신 청 정 광 무 변　　끝도 갓도 없다.

千江有水千江月　　　천강에 물 있으면
천 강 유 수 천 강 월　　천강에 달이 뜨고

萬里無雲萬里天　　　만리에 구름 없으면
만 리 무 운 만 리 천　　만리가 하늘이다.

이라 하였습니다.

여기서 수보리가 "인과가 너무 깊으면 믿을 사람이 없을텐데" 하고 의심하기 때문에 다음 제6 정신희유분이 설해지게 됩니다.

第六 正信希有分
제육 정신희유분

바른 믿음을 믿는 사람은
진실로 희유한 사람이다.

正信般若
정신반야

규봉스님은 이 대문을
① 믿지 못하고 의심하는 것을 확약하고,
② 의심을 꾸짖고 믿음을 준 곳,
③ 왜 믿어야 하는가 하는 까닭,
④ 중도의 깊은 뜻으로 나누어 설명했습니다.

1. 미래 중생들이 이런 말을 믿을 수 있을까요(無信呈疑)

[원문·역문]

須菩提 白佛言
수보리 백불언

수보리가 부처님께
사뢰었다.

世尊 頗有衆生
세존 파유중생

"세존이시여,
어떤 중생이

得聞如是 言說章句
득문여시 언설장구

이와 같은 말씀이나
글귀를 듣고

生實信不
생실신부

실다운 신심을 낼 수
있겠나이까."

수보리가 부처님께 물었습니다.
"저들 중생들이 이 같은 말씀과 글귀를 듣고 믿을 수 있을까요?"

[단어·숙어]

"저들 중생들"은 미래 중생들이고,
"이 같은 글귀"는 4구게입니다.

2. 후후 5백세인들도 믿는다 (呵嘖顯信)

[원문 · 역문]

佛 告須菩提
불 고수보리

부처님께서 수보리에게
말씀하셨다.

莫作是說
막 작 시 설

"그런 말
하지 말라.

如來滅後 後五百歲
여 래 멸 후 후 오 백 세

여래가 가신지
2천5백년 뒤에도

有持戒修福者
유 지 계 수 복 자

계를 받아 지니고
복을 닦는 자가 있어서

於此章句 能生信心
어 차 장 구 능 생 신 심

능히 이와 같은 말과
글귀에 신심을 내어

以此爲實
이 차 위 실

이것을 진실하게
여기는 자가 있으리라.

[단어 · 숙어]

"여래 멸후 후 5백세"는 대집경에 불멸 후 2500년 이후를 말한다 하였습니다.
불멸 후 500년까지는 해탈견고의 시대이고,
그 후 500년까지는 선정견고의 시대이고,
그 후 500년까지는 다문견고의 시대이고,
그 후 500년까지는 탑사견고 시대이고,
그 후 500년까지는 투쟁견고 시대이기 때문입니다.
"지계 수복자"는 계행과 선정을 잘 닦는 사람이고,
"진실을 삼는다"는 바른 견해를 가지고 잘못된 생각을 갖지 않는 것입니다.
 계만 잘 지켜도 3도(塗)를 벗어나게 되는데, 선정까지 닦으면 6욕천을 벗어나기 때문입니다.

3. 확신을 갖는 까닭(能信所以)

여기서도 오랜세월 선지식을 만나 공부한 내력과 좋은 벗을 만나 덕을 쌓은 부분 두 부분으로 나누어 설명하였습니다.

(1) 선우를 만나 믿음을 쌓다(善友信因)

【원문·역문】

當知是人 당 지 시 인	마땅히 알라. 이 사람은
不於一佛二佛三四五佛 불 어 일 불 이 불 삼 사 오 불	한 부처님이나 둘·셋·넷·다섯 부처님께만
而種善根 이 종 선 근	착한 마음을 심었을 뿐만 아니라
已於無量 千萬佛所 이 어 무 량 천 만 불 소	이미 한량없는 천만 부처님이 계신 곳에서
種諸善根 聞是章句 종 제 선 근 문 시 장 구	여러 가지 선근을 심은 사람 이기 때문에 이 글귀를 듣고
乃至一念 生淨信者 내 지 일 념 생 정 신 자	한 생각에 깨끗한 믿음을 내느니라.

부처님을 믿으면 마음이 항상 비고 고요하여 상(相)에 걸리지 않게 되어 있습니다. 한 부처님만 믿어도 그러한데 하물며 한량없는 부처님을 섬겨온 사람이야 더 말할 것 있겠습니까.
　그러므로 부대사가,

因深果亦深 인 심 과 역 심	인과가 깊으면

| 理密奧難尋 | 이치 또한 |
| 이 밀 오 난 심 | 끝이 없다. |

| 當來末法世 | 당래 |
| 당 래 말 법 세 | 말법세가 온다고 |

| 唯慮法藏沈 | 어찌 법이 |
| 유 려 법 장 침 | 침몰할 염려가 있겠는가. |

하고 야부스님은

| 金佛不度爐 | 금 부처님은 |
| 금 불 부 도 로 | 용광로를 건너가지 못하고 |

| 木佛不度火 | 나무 부처님은 |
| 목 불 부 도 화 | 불을 건너가지 못하며 |

| 泥佛不度水 | 진흙 부처님은 |
| 니 불 부 도 수 | 물을 건너가지 못한다. |

| 三佛形儀總不眞 | 세 부처님은 |
| 삼 불 형 의 총 부 진 | 진짜 부처님이 아니다. |

| 眼中瞳子面前人 | 눈동자 가운데 |
| 안 중 동 자 면 전 인 | 진짜 부처님이 계신다. |

| 若能信得家中寶 | 만약 자기집 보물을 |
| 약 능 신 득 가 중 보 | 믿고 얻은 자라면 |

| 啼鳥山花一樣春 | 새소리 산꽃에서 |
| 제 조 산 화 일 양 춘 | 불법(봄)을 보리라. |

하였습니다.

(2) 선우신덕(善友信德)

여기서도 복덕을 쌓은 일과 지혜를 닦은 것을 나누어 설명하였습니다.

① 섭수복덕문(攝收福德門)

[원문 · 역문]

須菩提 如來
수 보 리 여 래

悉知悉見 是諸衆生
실 지 실 견 시 제 중 생

得如是無量福德
득 여 시 무 량 복 덕

수보리야
여래는

이 모든 중생들이
이와 같이 한량없는

복덕을 얻는 것을
다 알고 다 보느니라.

[단어 · 숙어]

"한량없는 복덕"이란 다시는 타락하지 않는 무루(無漏)의 종자이다. 콩 심은 데 콩 나고, 팥 심은데 팥 난다. 오랜 세월 여래의 밭에다가 10바라밀의 종자를 심었으니 무엇은 없겠습니까.

그런데 이들이 그때마다 선근을 심으면서도 아상·인상·중생상·수자상을 내지 아니하였으니 이 또한 아집·법집을 다 놓아버린 것입니다.

그러므로 다음에는 지혜의 문을 나타냅니다.

② 섭수지혜문(攝收智慧門)

여기에도 거친 것과 세밀한 것 두 가지 집착이 있습니다.

ㄱ. 거친 집착을 끊어둔 곳(斷添執)

[원문 · 역문]

何以故 是諸衆生
하 이 고 시 제 중 생

왜냐하면 이 모든
중생들은

| 無復我相人相衆生相 | 다시는 나라는 생각, |
| 무 부 아 상 인 상 중 생 상 | 남이라는 생각, 중생이라는 생각 |

| 壽者相 無法相 | 오래 산다는 생각이 없으며, |
| 수 자 상 무 법 상 | 진리라는 생각도 없고, |

| 亦無非法相 | 그릇된 법이라는 생각도 |
| 역 무 비 법 상 | 없기 때문이니라. |

[단어 · 숙어]

"아상이 없다"고 하는 것은 5온이 공한 도리를 다 안 것이고,
"인상이 없다"고 한 것은 4대가 실없는 것을 다 안 것이며,
"중생상이 없다"고 한 것은 생멸심이 없는 것을 다 안 것이고,
"수자상이 없다"고 한 것은 멀리 진노망상을 다 여읜 것이고,
"무법상이 없다"고 한 것은 이름과 모양을 다 여읜 것이며,
"비법상이 없다"고 한 것은 반야 법을 얻는 것이 아니고 깨닫는 법임을 안 것입니다.

그러므로 야부스님이

| 圓同太虛 | 둥근 것은 |
| 원 동 태 허 | 태허공과 같아 |

| 無欠無餘 | 부족함도 |
| 무 흠 무 여 | 남음도 없다. |

하시고

| 法相非法相 | 법상 |
| 법 상 비 법 상 | 비법상이여 |

開拳復成掌	주먹 쥐었다가
개 권 부 성 장	손바닥 펴는 것 같네.
浮雲散碧空	구름 흩어지면
부 운 산 벽 공	푸른하늘
萬里天一樣	만리가
만 리 천 일 양	한 모습이로다.

다음은 미세한 집착을 제거해주신 곳이다.

ㄴ. 세밀한 집착을 끊어준 곳(除細執)

【원문·역문】

何以故 是諸衆生	왜냐하면 이 모든
하 이 고 시 제 중 생	중생들이
若心取相	만일 마음에
약 심 취 상	어떤 상을 취하면
卽爲着我人衆生壽者	곧 아상, 인상, 중생상,
즉 위 착 아 인 중 생 수 자	수자상에 집착하고
何以故 若取法相	왜냐하면 만약
하 이 고 약 취 법 상	법상을 취할지라도
卽着我人衆生壽者	곧 아상, 인상, 중생상
즉 착 아 인 중 생 수 자	수자상에 집착하고
何以故 若取非法相	만약 비법상을
하 이 고 약 취 비 법 상	취할지라도
卽着我人衆生壽者	아상, 인상, 중생상, 수자상에
즉 착 아 인 중 생 수 자	집착한 것이 되기 때문이다.

[단어·숙어]

"취법·비법"이 모두 상(相)이다.
그러므로 반야행자는
① 상호에 끄달리지 말아야 하고,
② 반야법에도 집착하지 말며,
③ 반야의 행만 실천해야 한다.

그러므로 부대사가

遍計虛分別	변계는
변 계 허 분 별	허망한 분별심이고
依他碍不通	의타는 걸리는 것이
의 타 애 불 통	많아 통하지 못하고
圓成沈識海	원성은
원 성 침 식 해	식의 바다에 빠져
流轉若飄逢	태풍속에
유 전 약 표 봉	유전한다.

하고,

欲識無生性	만약
욕 식 무 생 성	무생성을 알고자 하면
心外斷行蹤	마음밖에
심 외 단 행 종	행의 자취를 끊으라.

하였습니다.

그래서 끝으로 중도의 문을 밝힌 것입니다.

4. 중도현문(中道玄門)

[원문·역문]

是故 不應取法
시고 불응취법

그러므로 마땅히 법도
취하지도 말고

不應取非法
불응취비법

법 아닌 것도
취하지 말아야 하느니라.

以是義故 如來常說
이시의고 여래상설

그렇기 때문에 부처님께서는
항상 말씀하시기를,

汝等比丘 知我說法
여등비구 지아설법

너희들 비구는
내가 말한 바 설법이

如筏喩者
여벌유자

이 뗏목과 같은 줄을
알라 하였나니

法尙應捨 何況非法
법상응사 하황비법

법도 오히려 버려야 할
것인데 하물며 비법이겠느냐.

[단어·숙어]

"법"이란 반야바라밀 법이고,
"비법"이란 생천등법입니다. 그러므로
"취법"은 법과 비법을 모르는 사람이 집착하는 것입니다. 일진법계에는 시비가 없으므로 그 하나까지도 내세우지 않는데, 하물며 다른 것이겠습니까. 유(有)와 무(無)나 모두가 자성이 없으므로 메아리 그림자에 매달릴 것이 없습니다.

그러므로 야부스님이

金不博金
금불박금

금은 금으로
붙일 수 없고

水不洗水 물은 물로
수 불 세 수 씻을 수 없다.

하고

得樹攀枝未足寄 나뭇가지를 잡고
득 수 반 지 미 족 기 의지할 곳이 없다면

縣崖撒手丈夫兒 낭떨어지에서 손을 놓아버리는
현 애 살 수 장 부 아 사람이 장부다.

한 것입니다. 종일토록 하는 일 없으면 해탈도 구하지 않고 천당도 좋아하지 아니할 것입니다. 단지 한 생각 무념에 들어가면 누구나 비로자나부처님의 정상을 밟고 걸을 것입니다. 나와 법이 공해지면 참된 성품이 본래 평등하기 때문입니다.

다음은 제7 무득무설분이고, 27단으로 보면 "상이 없으면 어떻게 설법할까 의심한 것을 끊어준 곳"입니다.

第七 無得無說分 얻을 것도 설할 것도 없다.   無得般若
제칠 무득무설분   무득반야

여기 1 문답으로 의심을 끊어준 곳과 2 이익을 비교하여 주신 곳 두 군데가 있는데, 1번의 문답은 무득무설분에 해당하고, 2번 이익의 비교는 제8 의법출생분에 해당됩니다.

1 무득무설분에는 네 단이 있으니

첫째는 의심한 것을 물은 곳이고,
둘째는 순리대로 대답하는 곳이며,
셋째는 결정된 법이 없음을 밝힌 것이고,
넷째는 취할 수 없는 이치를 밝힌 곳 입니다.

1. 의심한 것을 들어 물은 곳(擧疑因門)

【원문·역문】

須菩提 於意云何
수보리 어의운하

如來得阿耨多羅三藐
여래득아뇩다라삼먁

三菩提耶
삼보리야

如來有所說法耶
여래유소설법야

"수보리야,
너는 어떻게 생각하느냐.
여래가
아뇩다라
삼먁삼보리를
얻었느냐.
또 여래가 설한 바
법이 있느냐."

얼른 볼 때는 얻은 것이 있는 것 같지만, 뜻으로 보면 얻은 것이 없기 때문에 이렇게 물은 것입니다.

다음은 수보리의 답입니다.

2. 사실대로 대답하다(順實理酬)

[원문 · 역문]

須菩提言 수 보 리 언	수보리가 사뢰었다.
如我解佛所說義 여 아 해 불 소 설 의	"제가 부처님께서 말씀하신 뜻으로 이해한다면
無有定法 名阿耨多羅 무 유 정 법 명 아 뇩 다 라	결정된 진리가 있어서 그것을 아뇩다라삼보리라
三藐三菩提 삼 먁 삼 보 리	하시는 것이 아니오며,
亦無有定法 역 무 유 정 법	또한 결정한 법이 있어서
如來可說 여 래 가 설	여래께서 설한 것이 아닙니다.

[단어 · 숙어]

진여 · 불성 · 보리 · 열반으로부터 내지 12인연 6바라밀도 모두 대기설법으로서 부득이 말씀하신 것입니다.

그러므로 6조스님은

"아"는 마음에 망념이 없는 것이고,

"뇩다라"는 마음에 교만이 없는 것이며,

"삼"은 마음에 항상 선정이 있는 것이고,

"먁"은 마음에 지혜가 있는 것이며,

"삼보리"는 마음이 항상 공적하여 불성을 본 것이다 하였습니다.

그런데 야부스님은

寒卽言寒　　　　추우면
한 즉 언 한　　　춥다 하고

熱卽言熱　　　　더우면
열 즉 언 열　　　덥다 한다.

하고

雲起南山雨北山　　구름이 남산에서 일어나니
운 기 남 산 우 북 산　비가 북산에 내린다.

驢名馬字幾多般　　나귀·말
여 명 마 자 기 다 반　글자도 많기도 하다.

請看浩渺無情水　　저 호수 가운데
청 간 호 묘 무 정 수　무정수를 보라.

幾處隨方機處圓　　곳 따라 둥글었다
기 처 수 방 기 처 원　모났다 하지 않느냐.

하였습니다.

3. 결정된 법이 없음을 밝힘(結無定法)

[원문·역문]

何以故 如來所說法　　왜냐하면
하 이 고　여 래 소 설 법　여래께서 말씀하신 진리는

皆不可取 不可說　　　취할 수도 없고
개 불 가 취　불 가 설　말할 수도 없고,

非法 非非法
비법 비비법

법도 아니고 법 아닌 것도
아니기 때문입니다.

[단어・숙어]

사람들이 문자언어에 얽매어 무상의 이치를 깨닫지 못하고 있기 때문에
"불가취"는 바로 듣는 놈이고,
"불가설"은 바로 말하는 놈이며,
"비법"은 성품을 분별한 것이고,
"비비법"은 진여는 무아지만 실상은 없지 않기 때문입니다.
그래서 야부스님은

廓落太虛空
확 락 태 허 공

툭터진
허공 가운데는

鳥飛無行迹
조 비 무 행 적

나는 새의
자취가 없다.

하였습니다. 그러면 어찌하여 취하지 말라 하였습니까.

4. 취할 수 없는 이치를 밝힌 곳(釋無取說)

[원문・역문]

所以者何 一切賢聖
소 이 자 하 일 체 현 성

왜냐하면
모든 성현들은

皆以無爲法 而有差別
개 이 무 위 법 이 유 차 별

모두 무위법으로써
차별하기 때문입니다."

[단어・숙어]

"현성"은 불보살이고,
"무위법"이란 무주·무상·무기·무멸의 법을 말합니다.
방편은 진실로 집착하면 털끝 만큼만 차이가 나도 하늘 땅이 벌어진 것 같습니다.

그러므로 야부스님이

正人說邪法 정 인 설 사 법	바른 사람이 사법을 설하면
邪法悉歸正 사 법 실 귀 정	사법이 모두 정법에 들어가고
邪人說正法 사 인 설 정 법	삿된 사람이 정법을 설하면
正法悉歸邪 정 법 실 귀 사	정법이 사법이 된다.

하고

| 江北成枳江南橘
강 북 성 지 강 남 귤 | 강북에서는 탱자가
강남에서는 귤이 되나 |
| 春來都放一般化
춘 래 도 방 일 반 화 | 봄이 오면
똑같이 한가지 꽃이 핀다. |

하였으며, 종경스님은

| 萬古碧潭空界月
만 고 벽 담 공 계 월 | 만고 벽담의
공계월은 |

再三撈䕻始應知 　　두세번 건져보면
재 삼 노 추 시 응 지 　　비로소 알 것이다.

하였습니다.

다음은 제8 의법출생분입니다.

第八 依法出生分　　법대로　　福德般若
제팔　의법출생분　　살아라　　복덕반야

이곳은 비유로써 그 이익을 밝힌 곳입니다. 여기에도 네 단이 있습니다.

첫째는 작은 복으로써 물은 곳이고,
둘째는 많은 복으로써 답변한 곳이며,
셋째는 경의 복을 비교 판단한 곳이고,
넷째는 초과의 이유를 밝힌 곳입니다.
그런데 초과의 이치를 정석(正釋)과 전석(轉釋) 두 가지로 풀이 하였습니다.

1. 작은 복으로써 물음(擧劣福問)

[원문 · 역문]

須菩提 於意云何
수보리 어의운하

"수보리야,
너는 어떻게 생각하느냐.

若人 滿三千大千世界
약인 만삼천대천세계

만약 어떤 사람이
3천대천세계에 가득한

七寶 以用布施
칠보 이용보시

7보를 가지고
널리 보시한다면

是人 所得福德 寧爲多不
시인 소득복덕 영위다부

이 사람이 얻는 복덕이
얼마나 많겠느냐."

[단어 · 숙어]

"3천대천세계"란 4대주 해와 달, 수미루의 욕계천 범천까지를 1소천세계라 하고, 1소천세계 천 개를 1중천세계, 1중천세계 천 개를 1대천세계라 하는데, 이 대·중·소 세 계를 통쳐서 삼천대천세계라 부릅니다.
"7보"는 금·은·유리·산호·마노·적진주·파리를 말합니다.

2. 많은 복으로 답변하다(釋福多酬)

[원문·역문]

須菩提言
수 보 리 언

수보리가
사뢰었다.

甚多 世尊
심 다 세 존

"아주 많사옵니다.
세존이시여."

何以故 是福德
하 이 고 시 복 덕

왜냐하면
이 복덕이

卽非福德性
즉 비 복 덕 성

성품으로 볼 때는
복덕이 아니므로

是故 如來說福德多
시 고 여 래 설 복 덕 다

그러므로 여래께서 복덕이
많다 말씀하신 것 입니다."

[단어·숙어]

"복"이란 5복이고,
"복이 아니라"고 한 것은 빈 마음(勝義空)입니다.
"그러므로"는 세속적인 면에서 볼 때는 그렇다 한 것입니다.
마음에는 능소(能所) 득실(得失)이 없기 때문입니다. 만약 본성을 깨닫지 못하고 모든 유(有)에 떨어진다면 복덕이 많다고 할 수 없습니다.
다음에는 경 복을 비교 판단한 곳입니다.

3. 판경복(判經福)

[원문·역문]

若復有人 於此經中
약 부 유 인 어 차 경 중

"만일 어떤 사람이
이 경 가운데

受持乃至四句偈等	네 글귀만이라도
수지내지사구게등	받아 지니고
爲他人說	남을 위해
위 타 인 설	말해 주었다면
其福 勝彼	그 복이 다른 복덕보다
기 복 승 피	더 뛰어나리라."

[단어·숙어]

"4구게"란 네 글귀를 말합니다. 문장은 글자로부터 시작하여 넉자 다섯자 여섯자 일곱자를 1글귀라 하고, 그 글귀가 네개(四句)가 한데 모여 하나의 게(偈)를 형성합니다. 그러므로 4구게는 시 한 수를 말합니다. 만일 그것을 노래로 부른다면 송이라 하므로 스님들이 읊으시는 게송을 4구게송이라 하는 것입니다.

그런데 이 글귀 속에 자연과 인생을 읊는 시도 있고, 대소·장단을 논하는 시도 있으나, 불법의 시는 대부분이 보리, 즉 깨달음을 형성한 시이므로 뛰어나다 하겠습니다.

그러므로 야부스님은

寶滿三千及大千	삼천대천세계에
보만삼천급대천	7보를 가득 채워 보시하더라도
福緣應不離人天	그 복연은 인간이나
복연응불리인천	천상을 넘어서지 못한다.
若知福德元無性	만약 성품에는
약지복덕원무성	복덕이 없는 줄 안다면
買得風光不用錢	무엇 때문에 바람과 빛을 사는데
매득풍광불용전	돈을 쓸 필요가 있겠는가.

하신 것입니다.

다음은 불법이 세속적인 복덕을 초월한 이유를 설합니다.

4. 초과의 이유를 밝힘(釋超過以)

[원문·역문]

何以故 須菩提 一切諸佛
하 이 고 수 보 리 일 체 제 불

왜냐하면 수보리야,
모든 부처님의

及諸佛阿耨多羅三藐三菩提法
급 제 불 아 뇩 다 라 삼 먁 삼 보 리 법

아뇩다라삼먁
삼보리 법이

皆從此經出
개 종 차 경 출

다 이 경으로부터
나온 까닭이니라.

須菩提 所謂佛法者
수 보 리 소 위 불 법 자

수보리야,
이른바 불법이란

卽非佛法
즉 비 불 법

곧 불법이
아니니라."

[단어·숙어]

"왜냐 ~ 이 경에서 나왔다"까지는 초과의 이유를 바로 밝힌 것이고,
"수보리 ~ 곧 불법이 아니다"까지는 한번 더 굴려 푼 곳입니다.
"모든 부처님들"은 부처님들의 조상을 말하고,
"아뇩다라삼먁삼보리법"은 그들이 깨달은 법입니다.
사람이 자식을 낳았으면 그의 조상을 알아야 할 것입니다.
모든 산은 수미산을 으뜸으로 하고, 모든 파도는 바다를 모태로 하듯, 모든 부처님은 반야를 조상으로 하기 때문에 야부스님은,

便向空中駕鐵船
편 향 공 중 가 철 선

문득 공중을 향해
철선을 끌어보라.

하신 것입니다.

사실 불법은 이름이 불법이지 불법도 아닙니다. 깨닫는 법에는 작정이 없기 때문입니다. 메아리를 찾으려면 소리 나는 곳을 알아야 하고, 그림자를 알려면 실상(實相)을 깨달아야 할 것입니다. 모든 문자는 달을 가리키는 손가락과 같습니다. 달고 쓴 것은 마셔본 사람만이 알 수 있습니다.
　그러므로 종경스님이

眞性洞明依般若 진 성 통 명 의 반 야	참된 성품은 반야를 의지하여 밝혀지므로
不勞彈指證菩提 불 노 탄 지 증 보 리	손가락 튕길 필요없이 바로 깨달음을 이룬다.

하였습니다.

다음은 "성문은 과를 얻은 것이 아닌가" 의심한 것을 제9 일상무상분으로써 풀어준 곳입니다.

第九 一相無相分
제구 일상무상분

절대의 법은
존재가 아니다.

一相般若
일 상 반 야

"일상"이란 오직 한 모습의 반야에는 모양이 없다는 말입니다. 여기서 수다원·사다함·아나함·아라한 네 가지가 나옵니다.

1. 수다원(須陀洹)

【원문 · 역문】

須菩提 於意云何
수보리 어의운하

"수보리야,
너는 어떻게 생각하느냐.

須陀洹 能作是念
수다원 능작시념

수다원이
생각하기를

我得須陀洹果不
아득수다원과부

'내가 수다원과를 얻었노라'
하겠느냐."

須菩提言 不也 世尊
수보리언 불야 세존

"아니옵니다.
세존이시여,

何以故 須陀洹
하이고 수다원

왜냐하면 수다원은
이름이 성인의 무리에

名爲入流 而無所入
명위입류 이무소입

들어갔다는 말이오나
실은 들어간 것이 아니고,

不入色聲香味觸法
불입색성향미촉법

빛·소리·냄새·맛·촉감이나
법도에 들어간 것이 아니므로

是名須陀洹
시명수다원

이름하여 수다원이라
하였을 뿐입니다.

【단어 · 숙어】

"수다원"은 입유(入流)로써 성현이 경계에 처음 들어간 것을 말합니다. 성현이 경계에 들어갈려면 색·성·향·미·촉·법 경계를 벗어나야 하므로 역류(逆流)라 번역하기도 합니다. 거치른 번뇌만 벗어나면 우선 지옥·아귀·축생·아수라의 배속에 들어가지 않습니다.

그러나 그 과는 얻었다는 생각이 없이 깨달아야 하기 때문에 "무소입(無所入)"이라 하는 것입니다.

다음은 사다함입니다.

2. 사다함(斯陀含)

[원문·역문]

須菩提 於意云何
수보리 어의운하

"수보리야,
너는 어떻게 생각하느냐.

斯陀含 能作是念
사다함 능작시념

사다함이 생각하기를
'내가 사다함과를

我得斯陀含果不
아득사다함과부

얻었노라'
하겠느냐."

須菩提言 不也 世尊
수보리언 불야 세존

수보리가 사뢰었다.
"아니옵니다. 세존이시여,

何以故 斯陀含
하이고 사다함

왜냐하면
사다함은

名一往來
명일왕래

이름이 한번 갔다 온다는
말이오나

而實無往來
이실무왕래

실은 가고 온다는
생각이 없는 것을

是名斯陀含
시명사다함

사다함이라 이름하였을
뿐이기 때문입니다."

[단어·숙어]

"사다함"은 욕계 6품 수혹(修惑)을 끊고 한번쯤 천당에 태어났다가 한번 인간에 와서 생사를 끝내게 되므로 일왕래(一往來)라 합니다.

대승에서는 눈의 경계에 나타난 것을 보고 한번쯤은 생멸심을 일으키지만 다시 두번 일으키지 않는 것을 말하므로

前念起妄 전 념 기 망	앞 생각에서 허망한 생각을 일으켰다가
後念卽止 후 념 즉 지	뒷 생각에서 그친다.

하였습니다.

"수번뇌"란 근본번뇌를 따라 몸과 마음에서 일어나는 번뇌, 즉 방일·해태·불신·혼침·도거·무참·무괴·분·부·간·질·뇌·해·한·광·첨·교·수면·회 등 19가지를 들고 있습니다. <구사론>

다음은 아나함입니다.

3. 아나함(阿那含)

[원문·역문]

須菩提 於意云何 수 보 리 어 의 운 하	"수보리야, 너는 어떻게 생각하느냐.
阿那含 能作是念 아 나 함 능 작 시 념	아나함이 생각하기를
我得阿那含果不 아 득 아 나 함 과 부	'내가 아나함과를 얻었노라' 하겠느냐."

須菩提言 不也 世尊 수보리언 불야 세존	수보리가 사뢰었다. "아니옵니다. 세존이시여,
何以故 阿那含 하이고 아나함	왜냐하면 아나함은
名爲不來 명위불래	이름이 오지 않는다는 말이오나
而實無不來 是故 이실무불래 시고	실은 오지 않는다는 생각이 없는 까닭에
名阿那含 명아나함	아나함이라 이름하였을 뿐이기 때문입니다."

【단어 · 숙어】

"아나함"은 다시는 욕계에 오지 아니하므로 불환과(不還果)라 이름합니다. 한 번만 천당에 태어나고는 바로 아라한이 되기 때문입니다.

그러므로 부대사가

捨凡初入聖 사범초입성	범부가 처음 성인의 경지에 들어가
煩惱漸輕微 번뇌점경미	번뇌가 점점 가벼워져
斷除人我執 단제인아집	사람의 아집을 끊고
創始之無爲 창시지무위	처음으로 무위에 이른 것이다.

하고 야부스님은, "제행이 무상하여 일체가 고통인 것을 깨닫고 3위 성문이 번뇌(塵)에서 벗어났으나 아직도 구정(求靜)에 친소가 남아있는 곳이다. 분명히

4과를 밝히면 4과에는 원래 과(果)가 없이 환화공신(幻化空身)이 법신인 것을 깨닫게 된다"하였습니다.

다음은 불생과(不生果)라 여기에는 무적(無賊)·불생(不生)·응수(應受) 3단계가 있습니다.

4. 아라한(阿羅漢)

(1) 무적(無賊)

[원문·역문]

須菩提 於意云何
수보리 어의운하

阿羅漢 能作是念
아라한 능작시념

我得阿羅漢道不
아 득 아 라 한 도 부

"수보리야,
너는 어떻게 생각하느냐.

아라한이
생각하기를

'내가 아라한도를 얻었노라'
하겠느냐."

[단어·숙어]

번뇌를 다하면 다시는 생사에 좌우되지 않으므로 "누진아라한(漏盡阿羅漢)"이라 합니다.

누진아라한이 되면 빛·소리·냄새·맛·감촉·법을 도적질하지 아니하므로 '무적'이라고 하는 것입니다.

그런데 그것을 누가 "하지 말라"해서 하는 것이 아니고, "해보았자 생사대해만 건너가면 소용이 없는 것"이므로 "집착할 것이 없다"한 것입니다.

(2) 무취(無取)

[원문 · 역문]

須菩提言 不也 世尊 수보리언 불야 세존	수보리가 사뢰었다. "아니옵니다. 세존이시여,
何以故 實無有法 하이고 실무유법	왜냐하면 진실로 이것은 법이라고 할 것도 없다.
名阿羅漢 명아라한	이 이름이 아라한입니다.
世尊 若阿羅漢 세존 약아라한	세존이시여, 만일 아라한이 생각하기를
作是念 我得阿羅漢道 작시념 아득아라한도	'내가 아라한 도를 얻었노라' 하오면
卽爲着我人衆生壽者 즉위착아인중생수자	곧 아상·인상·중생상· 수자상에 집착하는 것이 됩니다.

[단어 · 숙어]

"무취"란 4상에 대한 다툼이 없는 것입니다. 탐·진·번뇌가 다 없어져 감정을 거스리는 것이 없으므로 안팎이 항상 고요하여 따라 듣고 어기는 것이 없으므로 번뇌를 가히 끊을 것이 없어진 것입니다.

다음은 수보리가 스스로 깨달은 것을 인증한 것인데,
① 먼저는 부처님께서 인증하신 것이고,
② 다음에는 스스로 깨달았어도 깨달은 것을 취하지 아니한 것이며,
③ 다음은 부처님 뜻을 도리어 풀이한 것입니다.

(3) 인증신(引證信)

[원문 · 역문]

| 世尊 佛說我得無諍三昧 | 세존이시여, 부처님께서 저를 |
| 세존 불설아득무쟁삼매 | '다툼이 없는 삼매를 얻은 |

人中 最爲第一
인중 최위제일

사람 가운데서 제일 으뜸이라'
말씀하셨사오니,

是第一離欲阿羅漢
시 제일 이욕 아라한

이는 욕심을 여읜 첫째가는
아라한이란 말씀이오나

世尊 我不作是念
세존 아부작시념

세존이시여,
저는 욕심을 여읜

我是離欲阿羅漢
아시이욕아라한

아라한이라는 생각을
하지 않습니다.

世尊 我若作是念
세존 아약작시념

세존이시여,
제가 만약

我得阿羅漢道
아득아라한도

'내가 아라한도를
얻었다'고 생각한다면

世尊 卽不說須菩提
세존 즉불설수보리

세존께서는
곧 수보리에게 '아란나행을

是樂阿蘭那行者
시요아란나행자

즐기는 자'라고 말씀하시지
아니하셨을 것이온데,

以須菩提 實無所行
이 수보리 실무소행

수보리가 실로
아란나행을 한다는

而名須菩提
이명수보리

생각이 없기 때문에
'수보리가 아란나행을

是樂阿蘭那行
시요아란나행

좋아하는 자'라고
이름하신 것입니다."

[단어 · 숙어]

"무쟁삼매"는 다툼이 없는 삼매, 중생을 괴롭게 하지 않고 자신도 괴로워하는 바가 없는 것이고,

"이욕아라한"은 욕심을 떠난 아라한, 즉 온갖 번뇌에서 벗어난 아라한을 말합니다.

"아란나"는 번뇌와 소지, 모든 것을 떠난 장애가 없는 분입니다.

"세존 ~ 이욕이라"한 것까지는 부처님께서 수보리가 아라한이 된 것을 인정하신 것이고,

"나는 그렇게 생각하지 않습니다 ~ 이욕아라한이라고"까지는 스스로 아라한을 취하지 아니한 것을 말한 것이고,

"세존 ~ 아란나행"까지는 부처님의 뜻을 거듭 해석한 곳입니다.

그런데 야부스님은 "정에 들어도 골짜기에 구름이 낀 것과 같으니 마저 놓아 버려야 한다" 하였습니다. 말이나 소리 이름에 끄달리면 중도를 행하기 어렵기 때문입니다.

그래서

六門迸出遼天鶻	육근 문을 한꺼번에
육 문 역 출 요 천 골	털고 나서면
獨步乾坤總不收	하늘 땅을 감히
독 보 건 곤 총 불 수	거둘 수가 없다.

하였습니다. 조개 속에 진주가 들어있고, 돌 속에 옥이 갈무려져 있으며, 사향은 자연향이라 바람을 빌리지 아니하여도 그 냄새가 저절로 납니다. 과위성문(果位聲聞)이 자기 몸만을 위해서 홀로 선정에 들어있다면 진짜 성인이라 할 수 없습니다. 한 생각 돌이켜 여래의 바다에 들어가 자비의 배를 끌고 세상을 구제하여야지, 그러므로 종경스님이

無心猶隔一重關
무심유격일종관

무심도 오히려
한 관에 막혀 있다.

한 것입니다.

다음은 제12 장엄정토분으로써 "석가부처님은 옛날 연등부처님께 수기받지 아니했는가?" 하는 의심을 풀어준 곳입니다.

第十 莊嚴淨土分　정토의 장엄　　淨土般若
제일 장엄정토분　　　　　　　　정토반야

먼저는 연등부처님께 얻은 바 법이 없음을 밝히고, 다음은 정토장엄에 관한 글이 나오는데 정토장엄에 여러 가지 문답이 나옵니다.

먼저는 취한 바 법이 없음을 설한 곳입니다.

1. 연등무수기(燃燈無授記)

[원문·역문]

佛告須菩提 於意云何 불고수보리 어의운하	부처님께서 수보리에게 말씀하셨다. "수보리야 너는 어떻게 생각하느냐.
如來 昔在燃燈佛所 여래 석재연등불소	여래가 옛적에 연등부처님 계신 곳에서
於法 有所得不 어법 유소득부	어떤 진리를 얻은 바가 있었다고 생각하느냐."
不也 世尊 불야 세존	"아니옵니다. 세존이시여.
如來在燃燈佛所 여래재연등불소	여래께서 연등부처님 처소에 계실 적에
於法 實無所得 어법 실무소득	어떤 진리도 얻으신 것이 없습니다."

[단어·숙어]

"연등불"은 정광불(淨光佛)로 석가모니부처님의 수기사입니다. 그때 석가모니부처님은 선혜(善慧)라 불렸으나 그때나 지금 이름으로 부르는 것은 진짜가 아니고 인연 따라 부른 이름이고, 법성에는 등기(登記)가 없습니다.

그러므로 야부스님이 "예나 지금이나 똑같은데" 하고,

| 南北東西 秋毫不視 | 남북동서 다 찾아보아도 |
| 남북동서 추호불시 | 볼 수 없고 |

| 生來心膽 大如天地 | 나면서부터 그 마음은 |
| 생래심담 대여천지 | 하늘 땅과 같다. |

앞서는 연등부처님께서 수기를 받은 것이 아닌가(釋迦燃燈取說疑)를 하는 의심을 없애주신 것이고, 여기서는 불국토를 장엄하는 것은 상을 취하지 아니할 것인가(心土違於不取疑)를 끊어주신 곳입니다.

여기에 글이 세 개 있습니다.

첫째는 취상장엄(取相莊嚴)이고,

둘째는 이상장엄(離相莊嚴)이며,

셋째는 정심장엄(淨心莊嚴)입니다.

2. 정토무취(淨土無取)

(1) 취상장엄(取相莊嚴)

[원문 · 역문]

| 須菩提 於意云何 | 수보리야, |
| 수보리 어의운하 | 네 생각에 어떠냐? |

| 菩薩 莊嚴佛土不 | 보살이 불국토를 |
| 보살 장엄불토부 | 장엄한 것이 있느냐. |

| 不也 世尊 | "아닙니다. |
| 불야 세존 | 세존님. |

| 何以故 莊嚴佛土者 | 왜냐하면 불국토를 |
| 하이고 장엄불토자 | 장엄한 것은 |

| 卽非莊嚴 是名莊嚴 | 곧 장엄한 것이 아니기 때문에 |
| 즉비장엄 시명장엄 | 그 이름을 장엄이라 하는 것입니다. |

[단어 · 숙어] ─────

그러므로 6조스님은

"청정한 불국토는 선정과 지혜로써 장엄한 것이기 때문에 형상이 없다" 하고, 단지 세간의 불국토를 장엄할 때는

① 절을 짓고 사경하고 보시 공양하는 것이고,
② 32상 80종호를 갖추어 일체인이 널리 공양하는 것이며,
③ 깨끗한 마음이니 생각생각에 소득심이 없이 사는 것이다

하였습니다. 그러므로 야부스님이

| 孃生袴子 | 어머니께서 낳아주신 |
| 양 생 과 자 | 몸뚱아리다. |

하였습니다.

(2) 정심장엄(淨心莊嚴)

| 是故 須菩提 | "그러므로 |
| 시고 수보리 | 수보리야, |

| 諸菩薩摩訶薩 | 모든 |
| 제 보 살 마 하 살 | 보살마하살은 |

| 應如是生淸淨心 | 마땅히 이와 같이 깨끗한 |
| 응 여 시 생 청 정 심 | 마음을 내어야 하느니라. |

| 不應住色生心 | 색에 주착하지 말고 |
| 불 응 주 색 생 심 | 마음을 내고 |

| 不應住聲香味觸法生心 | 소리 · 냄새 · 맛 · 감촉 법에도 |
| 불 응 주 성 향 미 촉 법 생 심 | 마음을 내지 말아야 하느니라. |

[단어 · 숙어] ─────

수행인이 남의 시비나 자기 말에 대하여 능견심(能見心)을 내면 마음이 경솔해지기 때문입니다. 제 성품에 항상 깨끗한 마음을 내는 것이 정토입니다. 하늘에 구름 끼면 천지가 어두워지고, 하늘이 맑으면 해와 달이 빛납니다. 그러므로 야부스님은

| 見色非干色
견 색 비 간 색 | 눈에 보이는 것이
색이 아니고 |
| 聞聲不是聲
문 성 불 시 성 | 귀에 들리는 것이
소리가 아니다. |

하고

| 色聲不礙處
색 성 불 애 처 | 빛과 소리에
걸림없어야 |
| 親到法王城
친 도 법 왕 성 | 친히 법왕성에
이를 것이다. |

하였습니다. 그래서 부처님이

[원문·역문]

| 應無所住 而生其心
응 무 소 주 이 생 기 심 | 마땅히 머무른 바가 없이
그 마음을 내라. |

하신 것입니다. 큰 돌은 일찍이 움직인 바가 없기 때문입니다.
6조스님은 여기서 도를 깨치셨습니다.

| 山堂靜夜座無言
산 당 정 야 좌 무 언 | 절집 고요한 밤에
말없이 앉아 있으니 |

| 寂寂寥寥本自然 | 산적적 물요요 |
| 적적요요본자연 | 본래 자연 그대로이네. |

| 何事西風東林野 | 그런데 무슨일로 |
| 하사서풍동임야 | 새바람에 임야가 움직이는가. |

| 一聲寒雁唳長天 | 가을 기러기 한소리에 |
| 일성한안여장천 | 장천이 움직이는데. |

[단어·숙어]

"서풍"은 인도 바람이고, "동임"은 중국·한국 사람들입니다. 인도사람은 인도 사람이고, 동쪽 사람은 동쪽 사람인데 인도 석가모니 바람에 동쪽사람이 흔들릴 게 뭐있느냐 하는 것입니다.

그런데도 보화신에 대한 주착이 없지 않기 때문에 일곱 번째 "보신은 얻어 취한 것이 아닌가 의심한 것(受得報身有取疑)를 끊어주기 위해서 다음과 같이 물었습니다.

[원문·역문]

| 須菩提 譬如有人身 | 수보리야, 비유컨대 |
| 수보리 비여유인신 | 어떤 사람의 몸이 |

| 如須彌山王 於意云何 | 수미산왕과 같다면 |
| 여수미산왕 어의운하 | 네 생각이 어떠하느냐. |

| 是身 爲大不 | 이 몸이 |
| 시신 위대부 | 크겠느냐. |

| 須菩提言 甚大 世尊 | 수보리가 말했습니다. |
| 수보리언 심대 세존 | 심히 큽니다. 세존이여, |

| 何以故 佛說非身 | 왜냐하면 부처님께서 말씀하신 |
| 하이고 불설비신 | 몸은 몸이 아니기 때문에 |

是名大身
시 명 대 신

크다고 하는
것입니다.

[단어 · 숙어]

색신은 아무리 커도 우리 눈속에 쏙 들어옵니다. 그러므로 모양이 없는 것만은 못합니다. 설사 수미산 같이 크다 하여도 그것은 허공과 같은 마음에 비교하여 비교가 안되기 때문에 크다고 하지 않는다 하고, 모양없는 것이어야 진짜 크다고 한 것입니다.

이제 그 답은 제11 무위복승분에 이르러 구체적으로 풀이 됩니다.
① 먼저는 간디스강의 모래알 숫자와 같은 것으로 판단하고,
② 다음은 그 간디스강의 모래숫자와 같은 세계의 복과 비교하였으며,
③ 그 다음은 제12 존중정교분과 제13 여법수지분, 제14 이상적멸분, 제15 제경공덕분에 이르러 구체적으로 설명됩니다.
그러면 제11 무위복승분부터 풀어 보겠습니다.

第十一 無爲福勝分
제 십 일 무 위 복 승 분
유위복과 무위복의 비교

無爲般若
무 위 반 야

1. 항하사 비유

【원문·역문】

須菩提 如恒河中 所有沙數
수 보 리 여 항 하 중 소 유 사 수

"수보리야, 항하에 있는 모래 수처럼

如是沙等恒河 於意云何
여 시 사 등 항 하 어 의 운 하

그렇게 많은 항하가 있다면 네 생각이 어떠하냐.

是諸恒河沙 寧爲多不
시 제 항 하 사 영 위 다 부

이 모든 항하 가운데에 있는 모래가 얼마나 많겠느냐.

須菩提言 甚多 世尊
수 보 리 언 심 다 세 존

수보리가 사뢰었습니다. "아주 많습니다. 세존이시여,

但諸恒河 尙多無數
단 제 항 하 상 다 무 수

저 모든 항하의 수만 하여도 한없이 많을 것이온데

何況其沙
하 황 기 사

하물며 그 가운데 있는 모래이겠나이까."

이것은 밖에 있는 재물로써 경이 훌륭한 것을 비교하여 설명한 것입니다. 항하사는 무궁무진하기 때문에 야부스님은,

前三三 後三三
전 삼 삼 후 삼 삼

으로 답하셨습니다.

벽암록 제53칙에 무착문희선사가 오대산 화엄사 내금강굴에서 한 노인을 만

금강경 특강

나 오대산 대중을 물으니, "용사범성이 함께 산다"고 하면서 "전삼삼 후삼삼"이라 하였습니다.

그러니까 다시 한번 그속에 가득찬 칠보로써 그 복을 물었습니다.

2. 항하사속에 꽉찬 보배와 4구게

【원문 · 역문】

須菩提 我今 實言 告汝
수보리 아금 실언 고여

"수보리야, 내가 이제 진실한
말로 너에게 이르노니

若有善男子善女人
약유선남자선여인

만약 선남자
선여인이

以七寶 滿爾所恒河沙數
이칠보 만이소항하사수

저 항하의
모래 수처럼 많은

三千大千世界
삼천대천세계

삼천대천세계에
가득한 7보를 가지고

以用布施 得福 多不
이용보시 득복 다부

널리 보시한다면
그 얻는 복이 얼마나 많겠느냐."

須菩提言 甚多 世尊
수보리언 심다 세존

수보리가 말씀하였습니다.
"심히 많사옵니다. 세존이시여."

佛告須菩提
불고수보리

부처님께서 수보리에게
말씀하셨습니다.

若善男子善女人
약선남자선여인

"만약 선남자
선여인이

於此經中
어차경중

이 경
가운데서

乃至受持四句偈等
내지수지사구게등

네 글귀만이라도
받아 지니고

爲他人說　而此福德	남을 위해 말해 준다면
위 타 인 설　이 차 복 덕	그 복덕이
勝前福德	앞에서 말한 복덕보다
승 전 복 덕	더 없이 훌륭하느니라."

【단어·숙어】

7보 보시는 인천부귀보를 부르지만, 4구게는 무상정진도를 형성하기 때문입니다. 그러므로 야부스님은

| 眞鍮不換金 | 진짜 유기는 |
| 진 유 불 환 금 | 황금과 바꾸지 않는다. |

하고

入海算沙徒費力	바다속의 모래 헤아느니라
입 해 산 사 도 비 력	공연히 힘을 소비하고
區區未免走紅塵	공연히 홍진을 헤매며
구 구 미 면 주 홍 진	고생하는 것 보다는
爭如運出家珍寶	집속의 진짜 보배
쟁 여 운 출 가 진 보	캐놓고 보면
枯木生花別是春	고목에서 핀 꽃
고 목 생 화 별 시 춘	이 봄과는 다르리라.

이라 하였습니다. 다음은 존중정교분입니다.

第十二 尊重正敎分 바른 교를 존중하는 공덕 恭敬般若
제 십 이 존 중 정 교 분   공 경 반 야

먼저는 정교가 있는 곳으로 밝히고, 다음은 부처님과 같은 사람으로써 밝힙니다.

1. 존중승처(尊重勝處)

[원문·역문]

復次須菩提 隨說是經
부 차 수 보 리 수 설 시 경

"또 수보리야,
이 경 가운데

乃至四句偈等 當知此處
내 지 사 구 게 등 당 지 차 처

네 글귀만이라도 그 뜻을
일러준다면 마땅히 알라.

一切世間天人阿修羅
일 체 세 간 천 인 아 수 라

이곳은 일체세간의
하늘과 사람과 아수라가

皆應供養 如佛塔廟
개 응 공 양 여 불 탑 묘

다 마땅히 공양하기를 부처님의
탑과 절을 대듯이 할 것이다.

[단어·숙어]

"천인"은 3계 25유 중생 가운데 욕계·색계·무색계 3계 28천과 인간을 말하고, "아수라"는 술을 마시지 않는 천·허공·땅·바다 네 곳에 사는 군인들을 말하며,

"탑묘"는 탑과 묘를 말한다.

탑은 사리·분골·법신탑이 있고, 묘는 전신유체(全身遺體)한 토묘와 정신적으로 모신 영묘(靈廟)가 있습니다.

본래 불성을 깨달아 마음에 만심(慢心)이 없는 자는 천인 아수라가 모두 공경·존중·공양하게 되어 있습니다. 그런데 하물며 이 경을 설하고 해설한 자이겠습니까.

2. 여불존숭(如佛尊崇)

[원문 · 역문]

何況有人 盡能受持讀誦
하 황 유 인 진 능 수 지 독 송

하물며 어떤 사람이 이 경을 능히
다 받아지니고 읽고 외움이겠느냐.

須菩提 當知 是人
수 보 리 당 지 시 인

수보리야, 마땅히 알라.
이 사람은 가장 높고,

成就最上第一希有之法
성 취 최 상 제 일 희 유 지 법

제일가는 희유한
진리를 성취한 것이니라.

若是經典所在之處
약 시 경 전 소 재 지 처

만일 이 경전이 있는 곳이면
부처님이 계신 곳과

卽爲有佛 若尊重弟子
즉 위 유 불 약 존 중 제 자

부처님의 제자가 있는 곳과 같아
존경받게 될 것이다."

[단어 · 숙어]

권서(卷敍)를 자재하고 은현(隱現)에 걸림없는 것은 흰구름이 청산에 합한 것 같고, 해와 달이 천지를 비추는 것 같습니다.

그러므로 그 뜻이

似海之深 如山之固
사 해 지 심 여 산 지 고

바다와 같이 깊고
산과 같이 높다.

하였습니다.

하물며 좌우에서 선전(旋轉)하는 것이겠습니까. 마치 금사자가 굴속에서 나와 포효하는 것과 같아 천마외도가 모두 항복할 것입니다.

다음은 금강경 이름을 가지고 승부를 판단한 곳입니다.

第十三 如法受持分   법답게   金剛般若
제십삼 여법수지분   받아지니라.   금강반야

【원문·역문】

爾時 須菩提 白佛言
이시 수보리 백불언

그때에 수보리가
부처님께 사뢰었습니다.

世尊 當何名此經
세존 당하명차경

"세존이시여, 마땅히
이 경을 무어라 이름하오며

我等 云何奉持
아등 운하봉지

저희들이 어떻게
받들어 지녀야 하겠습니까."

佛告須菩提
불고수보리

부처님께서
수보리에게 말씀하셨습니다.

是經 名爲金剛般若波羅密
시경 명위금강반야바라밀

"이 경의 이름은
금강반야바라밀이니

以是名子 汝當奉持
이시명자 여당봉지

이 이름으로 너희들이
마땅히 받들어 지니라.

【단어·숙어】

"금강"은 다이아몬드입니다. 야부스님은 이것을 비유하여

火不能燒 水不能溺
화불능소 수불능익

불도 태울 수 없고
물도 빠뜨릴 수 없고

風不能飄 刀不能劈
풍불능표 도불능벽

바람도 날릴 수 없고
칼로도 쪼갤 수 없는 것

하고

軟似兜羅　硬如鐵壁	부드럽기는 도라솜같고
연 사 도 라　갱 여 철 벽	굳기는 철벽과 같다.
天上人間　古今不識	천상 인간
천 상 인 간　고 금 불 식	옛과 지금에도 아는 이가 없다.

하였습니다. 왜냐하면 부처님께서 말씀하신 금강반야는 금강반야가 아니기 때문이라는 것입니다.

[원문·역문]

所以者何　須菩提	왜냐하면
소 이 자 하　수 보 리	수보리야
佛說般若波羅密	여래가 말한
불 설 반 야 바 라 밀	반야바라밀이란
卽非般若波羅密	곧 반야바라밀이
즉 비 반 야 바 라 밀	아니고
是名般若波羅密	그 이름이
시 명 반 야 바 라 밀	반야바라밀일 뿐이다.

[단어·숙어]

"금강반야"라고만 말하면 또 그 이름에 집착할 염려가 있으므로 손가락을 통하여 달을 보았다면 손가락에 집착할 것이 없다는 것을 다시한번 깨닫게 해주신 것입니다.

그러므로 야부스님은 이것을 마치 교사자(較些子)와 같다 하였습니다.

"교"는 비교하는 것이고,

"사자"는 조금의 뜻이 있으니

그러니 "교사자"는 조금 간단히 비교해 본 것이란 뜻입니다.

一手擡 一手搦
일수대 일수익

한 손을 대면
한 손에 붙고

左邊吹 右邊拍
좌변취 우변박

왼쪽에서 치면
오른쪽에서 받는다.

無絃彈出無生樂
무현탄출무생락

줄없는 거문고에서
무생악이 울리고

不屬宮商律調新
불속궁상율조신

곡없는 곳에서
새로운 곡조가 생긴다.

知音知後徒名邈
지음지후도명막

소리를 안 뒤에야
그 모양을 알 수 있다.

하였습니다.

실로 부처님은 다른 말씀을 하시지 않기 때문에 여래의 소설법이 세계, 미진 등의 이름에 의해 그 세계와 미진이 나타나게 된 것이라 말씀합니다.

[원문·역문]

須菩提 於意云何
수보리 어의운하

"수보리야,
너는 어떻게 생각하느냐.

如來 有所說法不
여래 유소설법부

여래가 어떤 진리를 말한
바가 있다고 생각하느냐."

須菩提 白佛言
수보리 백불언

수보리가 부처님께
말씀하였습니다.

世尊 如來 無所說
세존 여래 무소설

"여래 세존께서는
설법한 것이 없습니다."

[단어·숙어]

"설한 것이 없다"한 것은 따로 달라지고 불어나고 줄어진 것이 없다는 말이니, 번뇌가 곧 보리라는 말입니다.

그렇다면 지금까지 설하신 8만4천 법문은 무엇을 의미하는가. 풀속(煩惱)에서 황면노자(黃面老子)를 찾고 다닌 것입니다.

부처님께서는 본래 번뇌망상이 없으니 찾고 취하고 버릴 것 없으나 중생을 위해 "번뇌는 무엇이고 반야는 무엇이라는 것을 설명하다"보니 설한 것같이 느껴지게 되었다는 것입니다.

그러면 설법만 그러합니까. 세계와 미진도 마찬가지입니다. 그래서 세계와 미진에 대해서도 다음과 같이 설합니다.

[원문·역문]

須菩提 於意云何
수보리 어의운하

"수보리야,
너는 어떻게 생각하느냐.

三千大千世界
삼천대천세계

삼천대천세계에
있는

所有微塵 是爲多不
소유미진 시위다부

모든 먼지의 수를
많다고 하겠느냐."

須菩提言 甚多 世尊
수보리언 심다 세존

수보리가 사뢰었습니다.
"아주 많사옵니다. 세존이시여."

須菩提 諸微塵
수보리 제미진

"수보리야,
이 모든 먼지들을

如來說非微塵 是名微塵
여래설비미진 시명미진

여래는 먼지가 아니라고 말하나니
이것은 이름이 먼지일 뿐이며,

如來說世界 非世界
여래설세계 비세계

여래께서 말하는 세계도
또한 그것이 세계가 아니고

是名世界
시명세계

그 이름이
세계일 따름이니라.

[단어·숙어]

"3천대천세계"는 큰 것이고, "미진"은 작은 것입니다.

그러나 크고 작은 것이 모두 한 생각속에서 나온 것이므로 큰 것이 큰 것이 아니고, 작은 것이 작은 것이 아니라는 말입니다.

또 큰 것은 작은 것이 모여 큰 것이 된 것이므로 작은 것은 작은 것이 아니고 큰 것도 큰 것이 아닌 것입니다. 1승·2승·3승·4승을 설한 불법도 결국에는 인천승(人天乘)으로부터 시작한 것이지만, 1승 또한 한 생각에 이름을 붙인 것이므로 이름에 불과합니다.

이름에도 집착하지 않는 사람이라면 크면 큰대로, 작으면 작은대로 반야 아닌 것이 없습니다. 그러므로 야부스님이

南贍部洲　北鬱單越　　　남은 섬부주요
남 섬 부 주　북 울 단 월　　북은 울단월이다.

하시고

頭地天　脚踏地　　　머리는 하늘로 쳐들고 있고
두 지 천　각 답 지　　다리는 땅을 밟고 있다.

饑則湌　困則睡　　　주리면 먹고
기 즉 찬　곤 즉 수　　곤하면 자라

此土西天　西天此土　　이 땅이 서천이고
차 토 서 천　서 천 차 토　서천이 이 땅이다.

到處元正便是年　　　설이 되면
도 처 원 정 편 시 년　가는 곳마다 새해다.

南北東西祗者是　　　남·북·동·서가
남 북 동 서 지 자 시　따로 있겠느냐.

한 것입니다. 문제는 상(相)입니다. 상만 없으면 네 상이니 내 상이니 따질

것이 없으므로 과보를 받는 것에 대한 느낌을 갖지 말라 하신 것입니다.

[원문 · 역문] ────

須菩提 於意云何
수보리 어의운하

"수보리야,
네 생각에 어떠하냐.

可以三十二相 見如來不
가이삼십이상 견여래부

가히 32가지 거룩한 몸매로써
여래를 볼 수 있겠느냐."

不也 世尊
불야 세존

"아니옵니다.
세존이시여."

不可以三十二相
불가이삼십이상

32가지 거룩한
몸매로서는

得見如來 何以故
득견여래 하이고

여래를 볼 수 없습니다.
왜냐하면

如來說 三十二相
여래설 삼십이상

여래께서 말씀하신 32가지
거룩한 상은 상이 아니옵고

卽是非相 是名三十二相
즉시비상 시명삼십이상

그 이름이
상이기 때문입니다."

[단어 · 숙어] ────

앞에서 말한 상은 사람 몸에 붙어 있는 4상, 즉 인상(人相)을 말하고, 여기서 말한 상은 사람 몸을 형성하고 있는 법상(法相)을 말합니다. 그러므로 야부스님이

借婆衫子拜婆年
차 파 삼 자 배 파 년

파삼자를 빌려입고
파년에 절한다.

하였으니 "파"는 노파이고, "삼자"는 노파가 입는 베잠방이 옷이며, "파년"은 늙은 나이이며, "늙은 사람이 늙은 옷입고 늙은 절을 한다"는 말입니다. 이는 곧

중생속에서 중생의 탈을 쓰고 중생의 말을 한다는 말입니다. 그러므로

爾有我亦有 이 유 아 역 유	네가 있다 하면 나도 있고
君無我亦無 군 무 아 역 무	그대가 없다 하면 나 또한 없다.
有無俱不立 유 무 구 불 입	있다 없다 다 세울 수 없으니
相對觜虞都 상 대 자 우 도	상대가 자우도(부엉이 뿔)와 같다.

만약 이런 입장에 서서 이야기 한다면 진짜 이 보시의 큼이 얼마만큼 될 것인지 짐작할 수 있을 것입니다.

[원문·역문]

須菩提 若有善男子善女人 수 보 리 약 유 선 남 자 선 여 인	"수보리야, 만약 어떤 선남자 선여인이
以恒河沙等身命 布施 이 항 하 사 등 신 명 보 시	항하의 모래수와 같은 목숨을 바쳐
若復有人 於此經中 약 부 유 인 어 차 경 중	널리 보시한 사람이 있고 또 어떤 사람이 이 경 가운데
乃至受持四句偈等 내 지 수 지 사 구 게 등	내지 네 글귀만이라도 받아 지녀서
爲他人說 其福 甚多 위 타 인 설 기 복 심 다	남을 위해 설명해 준다면 그 복이 앞의 복보다 심히 많느니라."

[단어·숙어]

이 세상에서 뭐니뭐니해도 이 몸보다 더 큰 것이 없습니다. 그런데 이 몸을

버려 보시한다면 어떠하겠는가. 이것도 한두 번이 아니고 아침·점심·저녁으로 항하사와 똑같은 신명을 보시한다면. 그렇지만 그 공덕은 4구게 공덕만 못하니 결국 그것은 생사를 형성하기 때문입니다. 그렇지만 말없는 것을 말을 통해 설한다면 이것은 마치 양채일새(兩彩一賽)와 같다 하였습니다.

"양채"는 두 가지 빛나는 것, 언어와 언어 이전의 빛,

"새"는 굿하는 것이니 두 가지를 가지고 한 가지를 위해 정성을 다하는 것을 말합니다. 마치 이것은 한 가지도 버리지 않고 둘 다 잘 쓰는 사람이라 하겠습니다.

伏手滑椎不攃劒 복수골추불화검	손속에 숨어있는 망치는 칼과 바꾸지 않고
善使之人皆總便 선사지인개총편	사람을 잘 쓰는 사람은 모두를 편리하게 합니다.
箇中須是英靈漢 개중수시영령한	그 가운데 영리한 사람은
不用安排本現成 불용안배본현성	안배하지 않고 있는대로 쓴다.

진짜 그렇게만 한다면 리라리 리라나 산에서는 꽃이 웃고 들에서는 새가 노래할 것입니다.

다음은 수보리가 이 법문을 듣고 눈물을 흘리며 감탄한 장면이 나옵니다.

第十四 離相寂滅分
제 십 사 이 상 적 멸 분

상을 여의면
평화가 온다.

寂滅般若
적 멸 반 야

[원문 · 역문]

爾時 須菩提 聞說是經
이 시 수 보 리 문 설 시 경

그때 수보리가
이 경 말씀하심을 듣고

深解義趣 涕淚悲泣
심 해 의 취 체 루 비 읍

그 뜻을 깊이 깨달아 알고
눈물을 흘리고 슬피 울며

而白佛言 希有世尊
이 백 불 언 희 유 세 존

부처님께 사뢰었다. 참으로
희유하시옵니다. 세존이시여,

佛說如是甚深經典
불 설 여 시 심 심 경 전

부처님께서 이와 같이
심히 깊은 경전을

我從昔來所得慧眼
아 종 석 래 소 득 혜 안

말씀하시오니, 제가 옛적부터
닦아 얻은 바 지혜의 눈으로는

未曾得聞如是之經
미 증 득 문 여 시 지 경

일찍이 이와 같은 경을
얻어 듣지 못하였나이다.

[단어 · 숙어]

"적멸"은 열반·평화

"눈물"은 기뻐도 나고 슬퍼도 난다.

왜냐하면 반야 이전의 법문은 대부분 인과·인연의 법으로 상대성 원리에 의해서 보신화신의 이야기만 주로 들었기 때문에 본마음의 소식을 잘 알지 못하다가 반야경을 통해서 비로소 법신 이야기를 들을 수 있었기 때문입니다. 그래서 야부스님이

自少來來慣遠方
자 소 래 래 관 원 방

끝없는 세월
멀리서부터 돌아다녀

| 幾廻衡岳渡瀟湘 | 몇 번이나 산과 |
| 기 회 형 악 도 소 상 | 물을 건넜던고 |

| 一朝踏破家鄉路 | 하루아침에 |
| 일 조 답 파 가 향 로 | 고향길을 밟으니 |

| 始覺途中日月長 | 비로소 해와 달이 |
| 시 각 도 중 일 월 장 | 긴 것을 알겠도다. |

하였습니다. 만일 여기 깨끗한 마음에 거룩한 덕까지 갖추어진다면 어떻게 되겠습니까. 그러므로 다음에는 글과 뜻을 다 갖춘 사람의 공덕을 말하게 됩니다.

【원문 · 역문】

| 世尊 若復有人 | "세존이시여, |
| 세 존 약 부 유 인 | 만일 어떤 사람이 |

| 得聞是經 信心淸淨 | 이 경을 얻어 듣고 |
| 득 문 시 경 신 심 청 정 | 신심이 청정하면 |

| 卽生實相 當知是人 | 곧 실다운 진리의 경계(實相)가 |
| 즉 생 실 상 당 지 시 인 | 생길 것이오니, 이 사람은 마땅히 |

| 成就第一希有功德 | 제일 희유한 공덕을 |
| 성 취 제 일 희 유 공 덕 | 성취할 것입니다. |

| 世尊 是實相者 | 세존이시여, |
| 세 존 시 실 상 자 | 이 실상이라는 것은 |

| 卽是非相 | 곧 어떤 현상이나 |
| 즉 시 비 상 | 관념으로서가 아니므로 |

| 是故 如來說名實相 | 여래께서 실상이라고 |
| 시 고 여 래 설 명 실 상 | 이름하신 것입니다. |

【단어 · 숙어】

자성이 어리석지 아니하면 지혜의 눈(慧眼)이 열리고, 법을 듣고 깨달으면 법안(法眼)이 열립니다.

해공제일 수보리도 처음 듣는 법문인데 하물며 일반 사람들이야 더 말할 것 있겠습니까. 참된 성품 묘한 체가 드러나니 묘체실상(妙體實相)이 눈앞에 드러납니다. 이 드러난 성품은 눈·귀·코·혀·몸이나 빛·소리·냄새·맛·감촉으로는 알 수 없는 것입니다.

그래서 그 실상은 비상(非相)이며 비비상(非非相)이며 비비유상(非非有相) 비비무상(非非無相)이라 한 것이다. 이 같은 법문은 수보리와 같은 경지에서도 겨우 알아들을 수 있는데 하물며 후후 5백세 사람들이 알아들을 수 있다면 얼마나 훌륭한 사람인가 고백한 것입니다.

【원문·역문】

世尊 我今得聞如是經典
세존 아금득문여시경전

세존이시여, 제가
이와 같은 경전을 얻어 듣고

信解受持 不足爲難
신해수지 부족위난

믿어 알고 받아 지니는 것은
어렵지 않사오나,

若當來世 後五百歲
약당래세 후오백세

만일 이 다음 세상
2천5백년 뒤에

其有衆生 得聞是經
기유중생 득문시경

어떤 중생이 이 경을 얻어 듣고
믿어 알아 지닌다면

信解受持 是人
신해수지 시인

이 사람이야말로
참으로

卽爲第一希有
즉위제일희유

제일 희유한
사람이라 할 수 있습니다.

【단어·숙어】

걸어다니고 앉고 눕고 옷입고 밥먹는 놈이 다른 것이 아닌줄 알 것이기 때문입니다. 사실

| 氷不熱 火不寒 | 얼음은 뜨겁지 않고 |
| 빙불열 화불한 | 불은 차지 않고 |

| 土不濕 水不乾 | 흙은 습하지 않고 |
| 토불습 수불건 | 물은 건조하지 않다. |

| 金剛脚踏地 | 금강은 |
| 금강각답지 | 땅을 밟고 있는데 |

| 幡竿頭指天 | 깃대는 |
| 번간두지천 | 하늘을 향해 서 있다. |

| 若人信得及 | 만약 |
| 약인신득급 | 이를 믿고 안다면 |

| 北斗面南看 | 북두를 |
| 북두면남간 | 남쪽을 향해서도 볼 것이다. |

왜냐하면 이 사람은 4상이 없이 부처님과 똑같기 때문입니다.

[원문 · 역문]

| 何以故 此人 無我相 | 왜냐하면 그 사람은 |
| 하이고 차인 무아상 | 아상도 없고 |

| 無人相 | 인상도 |
| 무인상 | 없고 |

| 無衆生相 無壽者相 | 중생상 · 수자상도 |
| 무중생상 무수자상 | 없기 때문입니다. |

| 所以者何 我相 卽是非相 | 왜냐하면 아상이 |
| 소이자하 아상 즉시비상 | 곧 상이 아니고 |

| 人相 衆生相 壽者相 | 인상·중생상· |
| 인 상 중 생 상 수 자 상 | 수자상이 |

| 卽是非相 | 곧 상이 |
| 즉 시 비 상 | 아니기 때문입니다. |

| 何以故 離一切諸相 | 왜냐하면 일체의 모든 상을 |
| 하 이 고 이 일 체 제 상 | 다 여읜 것이 |

| 卽名諸佛 | 부처이기 |
| 즉 명 제 불 | 때문입니다." |

[단어·숙어]

그런데 그 사람이 별 사람이 아닙니다. 앞에서 몰랐던 사람이 뒤에서 알게 되고, 먼저 어리석었던 사람이 뒤에 지혜롭게 되기 때문에 야부스님이

| 心不負人 面無慚色 | 마음이 사람을 저버리지 아니하면 |
| 심 불 부 인 면 무 참 색 | 얼굴에 부끄러운 빛이 없으리라. |

하였습니다.

| 舊竹生新筍 | 구죽에서 |
| 구 죽 생 신 순 | 새로 죽순이 나고 |

| 新花長舊技 | 새 꽃에서 |
| 신 화 장 구 기 | 옛 가지가 자란다. |

| 雨催行客路 | 비가 오면 |
| 우 최 행 객 로 | 행객의 길이 바빠지고 |

| 風送片帆歸 | 바람이 불면 |
| 풍 송 편 범 귀 | 범선이 잘도 간다. |

竹密不妨流水過	빽빽한 대나무 밭도
죽 밀 불 방 유 수 과	흐르는 물을 방해하지 않고
山高豈礙白雲飛	높은 산도
산 고 기 애 백 운 비	나는 구름을 막지 않는다.

그러므로 부처님께서 인정하였습니다. 이 경전을 듣고 놀라지도 않고 두려워하지도 않고 걱정하지 않는 사람은 희유하고 바라밀 속에서도 바라밀에 끄달리지 아니한 사람은 참으로 훌륭한 사람이라고.

【원문·역문】

佛告須菩提 如是如是	부처님께서
불 고 수 보 리 여 시 여 시	수보리에게 말씀하였다.
若復有人 得聞是經	"그렇고 그렇다.
약 부 유 인 득 문 시 경	만약 다시 어떤 사람이
不驚不怖不畏	이 경을 듣고 놀라지 않고
불 경 불 포 불 외	겁내지 않고, 두려워하지 않으면
當知是人 甚爲希有	마땅히 알라. 이 사람은
당 지 시 인 심 위 희 유	참으로 희유한 사람이니라.
何以故 須菩提	왜냐하면
하 이 고 수 보 리	수보리야,
如來說第一波羅密	여래가 말한
여 래 설 제 일 바 라 밀	제일바라밀은
卽非第一波羅密	곧
즉 비 제 일 바 라 밀	제일바라밀이 아니고
是名第一波羅密	그 이름이 제일바라밀이기
시 명 제 일 바 라 밀	때문이니라.

| 須菩提 忍辱波羅密 | 수보리야, |
| 수보리 인욕바라밀 | 인욕바라밀도 |

| 如來說非忍辱波羅密 | 여래는 인욕바라밀이 |
| 여래설비인욕바라밀 | 아니라 |

| 是名忍辱波羅密 | 이름이 |
| 시명인욕바라밀 | 인욕바라밀이라 말한다. |

[단어·숙어]

그런데 이것이 다른데서 오는 것이 아니라 모두가 자기집 소식입니다. 크고 작은 것이 모두 한 생각에 달려 있으므로 한 마음이 밝으면 천지가 밝아지고, 한 마음이 어두워지면 하늘 땅을 구분하지 못하는 것과 같습니다.

그러므로 야부스님이

| 毛吞巨海水 | 한 터럭이 |
| 모탄거해수 | 바닷물을 다 삼키고 |

| 芥子納須彌 | 겨자속에 |
| 개자납수미 | 수미산을 넣는다. |

| 碧漢一輪滿 | 밝은 빛은 |
| 벽한일륜만 | 보름달이고 |

| 淸光六合輝 | 밝은 기운은 |
| 청광육합휘 | 6합을 빛낸다. |

하고

| 八字打開 兩手分付 | 상하 전후가 |
| 팔자타개 양수분부 | 두 손에 달려있다. |

第一忍辱波羅密 제 일 인 욕 바 라 밀	보시 인욕바라밀
萬別千差從此出 만 별 천 차 종 차 출	천 가지 만 가지가 달라도 모두 이로부터 나온 것이니
鬼面神頭對面來 귀 면 신 두 대 면 래	귀면 신두를 대면하면서
此時莫道不相識 차 시 막 도 불 상 식	여태까지 몰랐다 말하지 말라.

하였습니다. 여기서 부처님은 과거의 인연상을 드러내 보였습니다.
첫째는 가이왕 때의 사건이고,
둘째는 과거 500세 때의 일입니다.

(1) 가이왕 때의 사건

【원문·역문】

何以故 須菩提 하 이 고 수 보 리	왜냐하면 수보리야,
如我昔爲歌利王 여 아 석 위 가 리 왕	내가 옛날 가리왕에게
割截身體 我於爾時 할 절 신 체 아 어 이 시	몸을 베이고 찢기울 적에 내가 그 때에
無我相 無人相 무 아 상 무 인 상	아상 인상
無衆生相 無壽者相 무 중 생 상 무 수 자 상	중생상·수자상이 없었느니라.
何以故 하 이 고	왜냐하면 내가 옛적에

금강경 특강

| 我於往昔節節支解時 | 마디마디 4지를 찢기고 |
| 아 어 왕 석 절 절 지 해 시 | 끊길 때 |

| 若有我相人相 | 만약 나에게 |
| 약 유 아 상 인 상 | 아상·인상· |

| 衆生相壽者相 | 중생상·수자상이 |
| 중 생 상 수 자 상 | 있었다면 |

| 應生嗔恨 | 마땅히 성내고 원망하는 |
| 응 생 진 한 | 마음을 내었을 것이니라. |

【단어·숙어】

"가이왕은 극악무도한 왕입니다. 등산 나왔다가 선인이 시녀들에게 법문하는 것을 보고 신체를 절절히 점였습니다. 그러나 선인은 그의 어리석음을 꾸짖지 아니했습니다. 그래서 야부스님은

| 智不責愚 | 지혜있는 사람은 |
| 지 불 책 우 | 어리석은 자를 꾸짖지 않는다. |

하시고

| 如刀斷水 | 칼로 |
| 여 도 단 수 | 물베기요 |

| 似火吹光 | 태양속의 |
| 사 화 취 광 | 불과 같다. |

| 明來暗去 | 밝은 것이 오면 |
| 명 래 암 거 | 어두운 것이 가는 것인데 |

| 那事無妨 | 무엇 때문에 |
| 나 사 무 방 | 걱정할 것 있겠는가. |

하고

| 歌利王 歌利王 | 가이왕 |
| 가 이 왕 가 이 왕 | 가이왕이여 |

誰知遠煙浪 누가 멀리 이는
수 지 원 연 랑 연기와 물결을 알고

別有好商量 따로 좋은 생각
별 유 호 상 량 하겠는가.

[원문·역문]

須菩提 又念 수보리야, 생각컨데
수 보 리 우 념 또 여래가

過去於五百世 과거에
과 거 어 오 백 세 5백년 동안

作忍辱仙人 於爾所世 인욕선인이 되었을 때에 생각
작 인 욕 선 인 어 이 소 세 해보니, 저 세상에서도

無我相 無人相 아상이 없었으며,
무 아 상 무 인 상 인상·

無衆生相 無壽者相 중생상·수자상이
무 중 생 상 무 수 자 상 없었느니라.

[단어·숙어]

수행의 근본은 보시와 인욕입니다. 베푸는데 인색하고 참는데 용서가 없으면 108참회를 천번을 해도 소용이 없다고 하였습니다.

그러므로 도인은 상을 내지 않아야 하나니 족보 이력만이 아니고 공부했다는 생각까지도 버려야 하는 것입니다. 눈앞에 법이 없으면 푸른 버들 붉은 꽃이 모두가 스승이 되고, 귀속에 소리가 없으면 앵무새 이야기 제비소리가 그대로 법문이 됩니다.

그러므로 보살도를 실천코자 하는 자는 모름지기 모든 상을 여의고 보리심을 발해야 된다 한 것입니다.

[원문 · 역문]

是故 須菩提
시 고 수 보 리

그러므로
수보리야,

菩薩應離一切相
보 살 응 리 일 체 상

보살은 마땅히
일체상을 여의고

發阿耨多羅三藐三菩提心
발 아 뇩 다 라 삼 먁 삼 보 리 심

아뇩다라삼먁삼보리심을
일으키나니

不應住色 生心
불 응 주 색 생 심

형상에도 끄달리지 말고
마음을 내며 마땅히

不應住聲香味觸法 生心
불 응 주 성 향 미 촉 법 생 심

소리 · 냄새 · 맛 · 감촉 · 법에도
끄달리지 말고 마음을 내야하며,

應生無所住心
응 생 무 소 주 심

마땅히 머무는 바 없이
마음을 내느니라.

[단어 · 숙어]

쓰는 것은 자기의 마음입니다. 상을 여의고 쓰느냐, 상을 의지해 쓰느냐.

雪月風花
설 월 풍 화

눈속의 달이요
바람속의 꽃

天長地久
천 장 지 구

하늘은 멀고
땅은 오래되었다.

朝朝鷄向五更啼
조 조 계 향 오 경 제

아침마다 5경이 되면
닭이 울고

| 春來處處山花秀 | 봄이 오면 곳곳에 |
| 춘 래 처 처 산 화 수 | 산꽃이 핀다. |

그래도 혹 잘 참지 못할까 다시한번 부탁한다.
주착하지 말고 보시하고 상내지 말고 살으라고 말입니다.

【원문·역문】

| 若心有住 卽爲非住 | 그러면 설사 마음에 머뭄이 |
| 약 심 유 주 즉 위 비 주 | 있어도 머무는 것이 아니니 |

| 是故 佛說菩薩 | 그러므로 여래가 말하기를 |
| 시 고 불 설 보 살 | '보살은 마땅히 |

| 心不應住色布施 | 형상에 끄달리지 말고 |
| 심 불 응 주 색 보 시 | 보시하라'고 하였느니라. |

| 須菩提 菩薩 | 수보리야, |
| 수 보 리 보 살 | 보살은 |

| 爲利益一切衆生 | 일체중생을 |
| 위 이 익 일 체 중 생 | 이롭게 하기 위해 |

| 應如是布施 | 이와 같이 |
| 응 여 시 보 시 | 보시해야 하나니, |

| 如來說一切諸相 | 여래가 말한 |
| 여 래 설 일 체 제 상 | 일체의 상은 |

| 卽是非相 | 곧 |
| 즉 시 비 상 | 상이 아니며, |

| 又說一切衆生 卽非衆生 | 또 일체 중생도 |
| 우 설 일 체 중 생 즉 비 중 생 | 곧 중생이 아니니라. |

【단어·숙어】

야부스님은 머무는 곳을 유불처 무불처로 나누어 설명하였습니다.

有佛處不得住　　　　　　　　부처님 계신 곳에도
유불처부득주　　　　　　　　 머물지 말고

無佛處急走過　　　　　　　　부처님 안계신 곳에도
무불처급주과　　　　　　　　 급히 지나쳐라

三十年後 莫言不道　　　　　 30년 후에는 도를
삼십년후 막언불도　　　　　　말하지 아니할 수 없기 때문이다.

하고

朝遊南岳 暮往天台　　　　　 아침에는 남악
조유남악 모왕천태　　　　　　저녁에는 천태

追而不及 忽然自來　　　　　 따라가도 미치지 못하겠더니
추이불급 홀연자래　　　　　　저절로 돌아오네

獨行獨坐無拘繫　　　　　　　혼자 갔다가 앉았다가
독행독좌무구계　　　　　　　 어디에도 얽매지 않으니

得寬懷處且寬懷　　　　　　　넉넉한 생각속에
득관회처차관회　　　　　　　 생각마다 너그럽네

별로 장처(長處)가 없습니다. 부처님 생각 일으키면 부처이고, 중생 생각하면 중생이라. 알고 사는 것과 모르고 사는 것 차이뿐입니다.

그러므로 부처님은 절대로 거짓말하지 않고, 다른 말하지 않습니다. 그리고 얻은 법도 실(實)도 없고 허(虛)도 없다 하신 것입니다.

【원문·역문】

須菩提 如來 是眞語者　　　　수보리야, 여래는
수보리 여래 시진어자　　　　　진실한 말을 하는 이며,

實語者 如語者 不誑語者	사실적인 말, 참되고 한결같은 말,
실 어 자 여 어 자 불 광 어 자	거짓말을 하지 않는 이며,
不異語者	다른 말을
불 이 어 자	하지 않는 자이니라.
須菩提 如來所得法	수보리야,
수 보 리 여 래 소 득 법	여래가 얻은 바 법은
此法 無實無虛	이 법이 실다움도 없고
차 법 무 실 무 허	헛됨도 없느니라.

[단어·숙어]

"진어자"는 모든 중생에게 불성이 있는 것을 말한 것이고,

"실어자"는 선악업보에 대한 이야기며,

"여어자"는 선업을 지으면 낙보를 받고, 악업을 지으면 고보를 받는다 말한 것이고,

"불광어자"는 3세제불이 모두 반야에서 출생한 것을 말한 것이며,

"불이어자"는 처음·중간·끝말이 모두 선한 것을 말합니다.

"실이 없다"고 한 것은 법체가 비고 고요하여 상으로는 가히 얻을 수 없는 것을 말하고,

"헛되지 않다"한 것은 간디스강의 모래알 숫자와 같은 공덕을 써 무상무득(無相無得)의 불사를 짓는 까닭입니다.

어떤 것이 진실한 것이냐. 야부스님은 말했습니다.

| 水中鹹味 色裏膠淸 | 소금물은 짜고 |
| 수 중 함 미 색 이 교 청 | 아교색은 맑다. |

하고

| 硬似鐵 軟如酥 | 강한 것은 철과 같고 |
| 갱 사 철 연 여 소 | 부드러운 것은 우유다. |

| 看時有 覓還無 | 보면 있는 것 같지만 |
| 간 시 유 멱 환 무 | 찾으면 도리어 없다. |

| 雖然步步常相守 | 비록 걸음걸음에 |
| 수 연 보 보 상 상 수 | 항상 서로 따라다니나. |

| 要且無人識得渠 | 알고보면 사람도 없고 |
| 요 차 무 인 식 득 거 | 찾는 것도 없다. |

그러므로 의심하지 말고 무주법으로 바라밀을 행하라. 나는 부처님 지혜로써 그들이 얻은 한량없는 공덕을 다 알고 있기 때문이다 하신 것입니다.

[원문·역문]

| 須菩提 若菩薩 | 수보리야 |
| 수 보 리 약 보 살 | 보살이 만약 |

| 心住於法 而行布施 | 마음을 어떤 법에 |
| 심 주 어 법 이 행 보 시 | 머물러 보시하면, |

| 如人入闇 卽無所見 | 사람이 어둠 가운데서 아무것도 |
| 여 인 입 암 즉 무 소 견 | 볼 수 없는 것과 같고, |

| 若菩薩 心不住法 | 보살이 만약 마음을 |
| 약 보 살 심 부 주 법 | 어떤 법에도 |

| 而行布施 如人有目 | 머물지 않고 보시하면 햇빛이 |
| 이 행 보 시 여 인 유 목 | 밝게 비칠 적에 밝은 눈으로 |

| 日光明照 見種種色 | 갖가지 온갖 물체를 분별해 |
| 일 광 명 조 견 종 종 색 | 보는 것과 같느니라. |

| 須菩提 當來之世 | 수보리야, |
| 수 보 리 당 래 지 세 | 다음 세상에서 |

| 若有善男子善女人 | 만약 어떤 |
| 약유선남자선여인 | 선남자 선여인이 |

| 能於此經 受持讀誦 | 능히 이 경을 받아 지니고 |
| 능어차경 수지독송 | 읽고 외우면 |

| 卽爲如來以佛智慧 | 곧 여래가 |
| 즉위여래이불지혜 | 부처님의 지혜로써 |

| 悉知是人 悉見是人 | 이 사람이 |
| 실지시인 실견시인 | 헤아릴 수 없고 |

| 皆得成就無量無邊功德 | 가 없는 공덕을 성취하는 것을 |
| 개득성취무량무변공덕 | 보고 아느니라." |

[단어·숙어]

 땅을 인해서 넘어진 사람은 땅을 딛고 일어나야 하고, 마음을 잘 쓰지 못해 타락한 사람은 마음을 고쳐 잘 살아야 합니다. 세상만사는 한결같지 않아 때없이 가을바람을 만나 추풍낙엽이 되는 경우도 있습니다. 그러나 놀라지 않고 그 원인이 어디에 있는가를 깨치는 사람은 자신도 모르는 사이에 맑은 바람 시원한 공기를 마시게 됩니다.

 그러므로 부대사가

| 離法如行慧 | 법을 떠나 |
| 이법여행혜 | 지혜롭게 행을 하면 |

| 淸光一鏡中 | 거울 가운데 |
| 청광일경중 | 맑은 빛과 같아 |

| 靈源常獨照 | 신령스러운 빛이 |
| 영원상독조 | 홀로 빛나 |

| 坦然總含容 | 마땅히 |
| 탄연총함용 | 모든 것을 다 비친다. |

한 것입니다.
여기까지가 금강경 상권입니다.
다음은 하권 금강경에서 견(見)을 중심으로 밝혀집니다.

第十五 持經功德分
제십오 지경공덕분
경을 지니는 공덕   **功德般若** 공덕반야

이곳은 별도로 이 경의 공덕을 드러낸 곳인데 먼저는 사명공덕(捨命功德)과 신경복(信經福)을 비교한 것입니다.

[원문·역문]

須菩提
수 보 리

수보리야
만약

若有善男子善女人
약 유 선 남 자 선 여 인

어떤 선남자
선여인이

初日分 以恒河等身 布施
초 일 분 이 항 하 등 신 보 시

오전에 간지강의 모래 수와
같은 몸으로 보시하고

中日分 復以恒河沙等
중 일 분 부 이 항 하 사 등

낮에도 다시 간디스강의
모래 수와

身 布施 後日分
신 보 시 후 일 분

같은 몸으로 보시하며,
다시 저녁 때에도

亦以恒河沙等身 布施
역 이 항 하 사 등 신 보 시

또한 간디스강의 모래 수와
같은 몸으로 보시하여

如是無量百千萬億劫
여 시 무 량 백 천 만 억 겁

이와 같이 한량 없는
백천만억겁을

以身布施
이 신 보 시

그 같은 몸으로
보시하더라도

若復有人 聞此經典
약 부 유 인 문 차 경 전

만일 다시 어떤 사람이
이 경전을 듣고 믿고,

信心不逆 其福 勝彼
신 심 불 역 기 복 승 피

거슬리지 아니하면 그 복이
저 보다 수승할 것인데

| 何況書寫受持讀誦 | 하물며 이 경을 쓰고 |
| 하 황 서 사 수 지 독 송 | 받아 지니며 읽고 외우고 |

| 爲人解說 | 남을 위해 |
| 위 인 해 설 | 해설 해줌이겠느냐. |

[단어·숙어]

부대사가 말했다.

| 衆生及壽者 | 중생과 |
| 중 생 급 수 자 | 수자상은 |

| 蘊上立虛名 | 5온 따위에 |
| 온 상 입 허 명 | 이름만 붙인 것 |

| 如龜毛不實 | 거북이 털과같이 |
| 여 구 모 불 실 | 실이 없는 것 |

| 似兔角無形 | 토끼뿔과 같아 |
| 사 토 각 무 형 | 형상이 없다. |

하물며 다른 것(二乘·人天)들이야 비유가 될 수 있겠습니까. 대승을 위해 설한 것이므로 그 공덕은 부처님만이 알 수 있다 하였습니다.

[원문·역문]

| 須菩提 以要言之 | 수보리야, 요컨대 |
| 수 보 리 이 요 언 지 | 이 경은 생각으로 |

| 是經 有不可思議 | 헤아릴 수도 없고 |
| 시 경 유 불 가 사 의 | 저울로 달 수도 없으며 |

| 不可稱量無邊功德 | 자로 잴 수도 없는 |
| 불 가 칭 량 무 변 공 덕 | 공덕이 있나니, |

如來爲發大乘者說
여래위발대승자설
여래께서 대승심을 발한
이를 위해 설한 까닭이고

爲發最上乘者說
위발최상승자설
최상승심을 발한 이를 위해
설한 까닭이니라.

若有人 能受持讀誦
약유인 능수지독송
만약 어떤 사람이 능히 이 경을
받아 지니고 읽고 외우며

廣爲人說
광위인설
사람들을 위해
널리 설명한다면

如來悉知是人 悉見是人
여래실지시인 실견시인
여래께서는
이 사람이 헤아릴 수 없고

皆得成就不可量不可稱
개득성취불가량불가칭
일컬을 수 없고
끝 없고 가히 생각으로 헤아려

無有邊不可思議功德
무유변불가사의공덕
알 수 없는 공덕을 성취하는
것을 다 보고 아느니라.

如是人等 卽爲荷擔
여시인등 즉위하담
이러한 사람들은
곧

如來阿耨多羅三藐三菩提
여래아뇩다라삼먁삼보리
여래의 아뇩다라삼먁삼보리심을
짊어진 것이 되기 때문이니라.

【단어 · 숙어】

"불가사의"는 스스로 자신을 깨달은 사람이고,
"무변공덕"은 등급을 매길 수 없는 것이다. 마음에 "내것"이라는 생각이 없으면 곧 부처님 마음과 같아지므로 그곳을 누구도 헤아릴 수 없습니다.
"대승"은 자각각타 각행이 원만하여 마음에 때를 볼 수 없으므로 야부스님이

如斬一握絲
여참일악사
한 주먹 실을
단번에 끊고

| 一斬一切亂 | 단번에 |
| 일 참 일 체 란 | 일체를 끊은 사람이다. |

하였습니다. "대승설 최상승설"이란 한방에 자취를 날려버리고 한 주먹에 피가 터지게 하여 천지가 캄캄하게 만들어버리기 때문입니다. 그래서

一拳打倒化城關	한 주먹에
일 권 타 도 화 성 관	화성을 무너뜨리고
一脚超翻玄妙寨	한 걸음에
일 각 초 번 현 묘 채	현묘채를 뛰어넘어
南北東西信步行	동서남북을
남 북 동 서 신 보 행	마음대로 걷는다.
休覓大悲觀自在	대비관자재도
휴 멱 대 비 관 자 재	쉬이 찾을 수 없다.

한 것입니다. 진실로 작은 마음 가진 사람은 감히 감당할 수 없습니다. 왜냐하면 작은 법을 좋아하는 사람은 감히 이 경을 가져 남을 위해 해설하지 못하기 때문입니다.

[원문·역문]

何以故 須菩提	왜냐하면
하 이 고 수 보 리	수보리야,
若樂小法者	만일 작은법을
약 요 소 법 자	좋아하는 이는
着我見人見衆生見	아견·인견·
착 아 견 인 견 중 생 견	중생견·
壽者見 卽於此經	수자견에
수 자 견 즉 어 차 경	집착하여 이 경을

不能聽受讀誦
불 능 청 수 독 송

능히 듣고
읽고 외워서

爲人解說
위 인 해 설

남을 위해 해설하지
못할 것이기 때문이니라.

[단어·숙어]

그러면 누가 하느냐. 대승자만이 할 수 있는데, 대승 가운데서도 상을 내지 않는 이, 집착이 떨어진 이들만이 할 수 있다 하였습니다.

그래서 그가 있는 곳이나 경전이 있는 곳을 마치 불탑과 같이 공경 존중하게 된 것이라는 것입니다.

[원문·역문]

須菩提 在在處處
수 보 리 재 재 처 처

수보리야,
어떤 곳이든

若有此經 一切世間
약 유 차 경 일 체 세 간

이 경이 있는 곳이면
일체 세간의

天人阿修羅 所應供養
천 인 아 수 라 소 응 공 양

하늘과 사람과 아수라가
마땅히 공양할 것이니라.

當知此處 卽爲是塔
당 지 차 처 즉 위 시 탑

마땅히 알라. 이 곳은 곧
탑을 모신 곳과 같아서

皆應恭敬 作禮圍繞
개 응 공 경 작 례 위 요

모두가 공경하고 절하며
에워싸고 돌면서

以諸華香 而散其處
이 제 화 향 이 산 기 처

가지가지 꽃과 향으로
그곳에 뿌리느니라.

[단어·숙어]

이 또한 어진사람만이 볼 수 있고, 지혜있는 사람만이 알 수 있습니다. 그래서 야부스님은

不學英雄不讀書 불 학 영 웅 불 독 서	영웅도 배우고 익혀서 하는 것이 아니고
波波役役走長途 파 파 역 역 주 장 도	나서서 하는 일마다 큰 길을 달린다.
娘生寶藏無用心 낭 생 보 장 무 용 심	어머니께서 낳아주신 보장을 쓰지 아니하고도
甘作無知餓死夫 감 작 무 지 아 사 부	달게 죽어가는 이를 살리니 나도 알 수 없다.

하고, 이런 일을 "괴이하게 생각할 것이 없다" 하였습니다.

옛날에 한 어사가 조령고개를 넘다가 아사지경에 이르렀는데, 모든 여인들이 보고도 그냥 지나가는데 한 유모가 자신의 젖을 먹여 살리자 동네 망신이라고 핀잔을 하였는데 장차 어사가 찾아와 보답하니 그 은혜 망극하였습니다.

그러니까

鎭州羅蔔 雲門胡餅 진 주 라 복 운 문 호 병	진주에서 나는 무이고 운문의 호떡이다.

한 것입니다. 먹어보아야 알고 살아난 사람만이 알 수 있습니다. 다음은 능정업장분입니다. 능정업장분은 죄를 통하여 성불하는 방법입니다.

第十六 能淨業障分
제십육 능정업장분 능히 업장을 깨끗이 맑힘 淨業般若 정업반야

【원문 · 역문】

復次 須菩提
부차 수보리
"또 수보리야,

善男子 善女人
선남자 선여인
선남자 선여인이

受持讀誦此經
수지독송차경
이 경을 받아 읽고 외우면서

若爲人輕賤 是人
약위인경천 시인
만일 남에게 업신여김을 당한다면 이 사람은

先世罪業 應墮惡道
선세죄업 응타악도
곧 전세의 죄업으로 마땅히 악도에 떨어질 것인데

以今世人 輕賤故
이금세인 경천고
지금 사람들이 업신여긴 까닭에

先世罪業 即爲消滅
선세죄업 즉위소멸
곧 전세의 죄업이 소멸되어

當得阿耨多羅三藐三菩提
당득아뇩다라삼먁삼보리
마땅히 아뇩다라삼먁삼보리심을 얻게 되느니라.

【단어 · 숙어】

"선세죄업"은 먼저 지었던 모든 죄업인데, 대중 가운데서 약간 업신여김을 당하고 그 죄가 없어진다고 하는 것은 대중공사를 통해 그 죄를 용서받는다는 말입니다.

아사세왕이 자기 아버지를 죽였지만 부처님과 국민께 사죄하고 그대로 왕위를 계승했습니다. 그러므로 야부스님이

不因一事 不長一智
불인일사 부장일지

한가지 일을 격지 아니하면
한가지 지혜가 생기지 않는다.

하고

讚不及 毀不及
찬불급 훼불급

칭찬해도 미치지 못하고
헐뜯어도 미치지 못한다.

若了一 萬事筆
약료일 만사필

한가지 일을 마치면
만가지 일이 끝난다.

無欠無餘若太虛
무흠무여약태허

남음도 부족함도 없는 것이
태허공과 같으니

爲君題作波羅蜜
위군제작바라밀

그대를 위해
바라밀을 만들었다.

하였습니다. 다음은 과거사로써 현재를 인증한 곳입니다.

【원문·역문】

須菩提 我念
수보리 아념

수보리야
내가 생각컨데

過去無量 阿僧祇劫
과거무량 아승지겁

과거 한량없는
아승지겁 전

於燃燈佛前
어연등불전

연등부처님
앞에서

得值八百四千萬億
득치팔백사천만억

8백4천만억 나유타
부처님들을 만나 뵙고

那由他諸佛 悉皆供養承事
나유타제불 실개공양승사

다 공양하였으며
받들어 섬기어

無空過者 무 공 과 자	헛되이 지냄이 없었느니라.
若復有人 於後末世 약 부 유 인 어 후 말 세	그러므로 어떤 사람이 앞으로 오는 말세에
能受持讀誦此經 능 수 지 독 송 차 경	능히 이 경을 받아 지니고 읽고 외우면
所得功德 소 득 공 덕	그 공덕은
於我所供養諸佛功德 어 아 소 공 양 제 불 공 덕	내가 저 모든 부처님께 공양한 공덕으로는
百分 不及一 千萬億分 백 분 불 급 일 천 만 억 분	백분의 일에 미치지 못하며 천만억분
乃至算數譬喩 所不能及 내 지 산 수 비 유 소 불 능 급	내지 산수의 비유로도 능히 미치지 못하느니라.

[단어·숙어]

"아승지"는 수를 헤아릴 수 없는 세월이고,
"연등부처님"은 과거 부처님께 수기를 주신 정광여래다.

功不浪施 공 불 낭 시	공은 헛되지 않다.

億千供佛福無邊 억 천 공 불 복 무 변	억천 부처님께 공양한 복 끝도 갓도 없다.
爭似常將古敎看 쟁 사 상 장 고 교 간	옛 가르침까지 잡아보일 필요가 있겠는가.

白紙上邊書黑字　　　흰종이 위에
백 지 상 변 서 흑 자　검은 글씨

淸君開眼目前觀　　　그대는 눈뜨고 보라
청 군 개 안 목 전 관　눈앞의 일들을!

의심할 것이 없습니다. 그런데도 혹 의심하는 사람이 생길까봐 다음과 같이 당부했습니다.

【원문·역문】

須菩提 若善男子 善女人　　수보리야,
수 보 리 약 선 남 자 선 여 인　만일 선남자 선여인이

於後末世 有受持　　이 다음 말세에
어 후 말 세 유 수 지　이 경을 받아 지니어

讀誦此經 所得功德　　읽고 외워
독 송 차 경 소 유 공 덕　얻은 이들의 공덕을

我若具說者 或有人聞　　내가 구체적으로 말한다면
아 약 구 설 자 혹 유 인 문　어떤 사람은 그 말을 듣고

心卽狂亂 狐疑不信　　곧 마음이 산란하여 의심하며
심 즉 광 란 호 의 불 신　믿지 아니할 것이니라.

須菩提 當知 是經 義　　수보리야, 마땅히 알라.
수 보 리 당 지 시 경 의　이 경은 뜻도

不可思議 果報　　가히 생각할 수 없고
불 가 사 의 과 보　그 과보 또한

亦不可思議　　헤아릴 수
역 불 가 사 의　없느니라."

[단어·숙어]

과보가 분명하고 선악이 뚜렷하기 때문에 칭찬하고 헐뜯는 과보가 눈앞에 분명히 나타난다 하였습니다. 그러므로 양약이 쓰나 몸에는 이롭고, 좋은 말이 귀에는 거슬려도 행에는 도움이 되니 거슬리지 말고 따르라 하였습니다.

良藥苦口 忠言逆耳
양 약 고 구 충 언 역 이

양약이 입에는 쓰고
충성스런 말이 귀에는 거슬린다.

冷煖自知 如魚飮水
냉 난 자 지 여 어 음 수

차고 더운 것은
고기가 물을 마시는 것 같다.

何須他日待龍華
하 수 타 일 대 용 화

무엇 때문에 다른 날
용화세계를 기다리고 있는가.

今朝先授菩提記
금 조 선 수 보 리 기

오늘 아침
먼저 수기를 받아놓고!

다음은 구경무아분입니다. '내가 없다면 누가 가르칠 것인가' 의심한 것을 풀어준 곳입니다.

第十七 究竟無我分   마침내 나는 없다.   無我般若
제십칠 구경무아분   무아반야

보살은 무아·무상·무집착으로 보리를 구하기 때문입니다.

[원문·역문]

爾時 須菩提 白佛言
이시 수보리 백불언

그때 수보리가
부처님께 아뢰었다.

世尊 善男子 善女人
세존 선남자 선여인

"세존이시여,
선남자 선여인이

發阿耨多羅三藐三菩提心
발아뇩다라삼먁삼보리심

아뇩다라삼먁삼보리심을
일으킨 이는

云何應住
운하응주

어떻게 살아야
하며

云何降伏其心
운하항복기심

그의 마음을
어떻게 항복받아야 합니까."

佛告須菩提
불고수보리

부처님께서
수보리에게 말씀하셨다.

若善男子 善女人
약선남자 선여인

"만약 선남자
선여인이

發阿耨多羅三藐三菩提心者
발아뇩다라삼먁삼보리심자

아뇩다라삼먁삼보리심을
일으킨 이는

當生如是心
당생여시심

마땅히 이와 같이
마음을 낼 것이니,

我應滅度一切衆生
아응멸도일체중생

'내가 마땅히 일체 중생을
제도하리라.

| 滅度一切衆生已 | 이렇게 일체중생을 |
| 멸 도 일 체 중 생 이 | 다 제도하지만 |

| 而無有一衆生 實滅度者 | 실은 한 중생도 |
| 이 무 유 일 중 생 실 멸 도 자 | 제도된 자가 없다'고 생각하라. |

[단어·숙어]

"그 때 ~ 항무기심"까지는 수보리의 의심이고,

"부처님 ~ 멸도한자가 없다"까지는 부처님 답변 가운데 보살은 무아자(無我者)라는 것을 밝힌 곳입니다.

세월을 기다리는 사람은 따분하기 짝이 없습니다. 그러므로 야부스님이

| 有時因好月 | 어떤 때 |
| 유 시 인 호 월 | 달이 좋으니 |

| 不覺過滄洲 | 창주를 지나면서도 |
| 불 각 과 창 주 | 몰랐다. |

하였습니다. 그런 사람은 머무는 장소가 없기 때문입니다.

| 若問云何住 | 만약 |
| 약 문 운 하 주 | 어떻게 살까요 묻는다면 |

| 非中及有無 | 가운데도, 있는 곳도 없는 곳도 |
| 비 중 급 유 무 | 아니다 할 것이다. |

| 頭無纖草盖 | 머리에는 |
| 두 무 섬 초 개 | 털끝만한 풀도 없어 |

| 足不履閻浮 | 발은 염부를 |
| 족 불 이 염 부 | 밟지 않고 |

| 細似隣虛折 | 속에서는 린허들을 |
| 세 사 린 허 석 | 분석할 수 없어 |

輕如蝶舞初　　　　　가볍기는
경여접무초　　　　　나비와 같기 때문이다.

衆生滅盡知無滅　　　중생이 다 없어졌다 하나
중생멸진지무멸　　　없어진 것이 아닌 줄 알면

此是隨流大丈夫　　　이것이
차시수유대장부　　　진짜 대장부다.

그러므로 상이 있으면 보살이 아니고, 능소(能所)가 다 없어져야 보리를 이룬다 한 것이다.

[원문·역문]

何以故 須菩提　　　　왜냐하면
하이고　수보리　　　　수보리야,

若菩薩 有我相人相　　만약 보살이
약보살　유아상인상　　아상·인상·

衆生相壽者相 卽非菩薩　중생상·수자상이 있으면 곧
중생상수자상　즉비보살　보살이 아니기 때문이니라.

所以者何 須菩提　　　왜냐하면
소이자하　수보리　　　수보리야,

實無有法　　　　　　　실로 한 법도
실무유법　　　　　　　있지 아니한 것을

發阿耨多羅三藐三菩提心者　아뇩다라삼먁삼보리심을
발아뇩다라삼먁삼보리심자　발한다고 하기 때문이다."

[단어·숙어]

털끝만큼이라도 소득이 있으면 다툼이 생깁니다. 그런데도 불씨(佛因)가 없으면 어떻게 보살이 될 것인가 의심하기 때문에 다음과 같이 묻고 답합니다.

[원문·역문]

須菩提 於意云何
수보리 어의운하

수보리야,
너는 어떻게 생각하느냐.

如來 於然燈佛所
여래 어연등불소

여래가 연등부처님
계신 곳에서

有法得 阿耨多羅三藐
유법득 아뇩다라삼먁

얻을 만한
어떤 진리가 있어서

三菩提不
삼보리부

아뇩다라삼먁삼보리를
얻었다고 생각하느냐."

不也 世尊
불야 세존

"그렇지 않습니다.
세존이시여."

如我解佛所說義
여아해불소설의

제가 부처님께서 말씀하신
뜻으로 이해하기는

佛於燃燈佛所 無有法
불어연등불소 무유법

부처님께서 연등부처님 계신
곳에서 어떤 법이 있어서

得阿耨多羅三藐三菩提
득아뇩다라삼먁삼보리

아뇩다라삼먁삼보리를
얻으신 것이 아닙니다."

佛言 如是如是
불언 여시여시

부처님께서 말씀하셨다.
"그렇고 그렇다 수보리야,

須菩提 實無有法
수보리 실무유법

수보리야,
만약 어떤 진리가 있어서

如來得阿耨多羅三藐三菩提
여래득 아뇩다라삼먁삼보리

아뇩다라삼먁삼보리심를
얻은 것이 아니니라.

[단어·숙어]

한 이불속에서 자지 않은 사람은 구멍난 이불을 알지 못합니다. 그러므로 야

부스님이

打鼓弄琵琶 타 고 롱 비 파	북 두들기고 비파 불고
相逢兩會家 상 봉 양 회 가	두 집이 서로 만났으나
君行楊柳岸 군 행 양 유 안	그대는 버들 언덕을 지나가는데
我宿度頭沙 아 숙 도 두 사	나는 모래사장에서 건너갈 차비를 하고 있네.

"늦비가 한번 지나가고 나니 푸른 봉우리에 안개가 자욱하다" 하였습니다. 그러자 부처님께서 인정하시고 그 이유를 밝혔습니다.

【원문 · 역문】

須菩提 若有法 수 보 리 약 유 법	수보리야, 만약 어떤 진리가 있어서
如來得阿耨多羅三藐 여 래 득 아 뇩 다 라 삼 막	여래가 아뇩다라
三菩提者 삼 보 리 자	삼막삼보리를 얻었다면
然燈佛 卽不與我授記 연 등 불 즉 불 여 아 수 기	연등부처님께서 나에게
汝於來世 여 어 래 세	'네가 다음 세상에
當得作佛 號釋迦牟尼 당 득 작 불 호 석 가 모 니	석가모니 부처님이 되리라.' 수기를 주시지 아니하셨을 것이다.

以實無有法 실로 법이
이 실 무 유 법 있지 않은 까닭에

得阿耨多羅三藐三菩提 아뇩다라 삼먁삼보리를
득 아 뇩 다 라 삼 먁 삼 보 리 얻을 것이 없기 때문에

是故 然燈佛 그러므로
시 고 연 등 불 연등부처님께서

與我授記 作是言 나에게
여 아 수 기 작 시 언 수기하시기를,

汝於來世 當得作佛 '네가 이 다음 세상에
여 어 래 세 당 득 작 불 마땅히 부처를 이루면

號 釋迦牟尼 그 호를 석가모니'라 할 것이다
호 석 가 모 니 하셨던 것이니라.

【단어·숙어】

가난한 사람이 가난한 사람의 속을 안다. 그러므로 야부스님이

貧似范丹 가난하기는
빈 사 범 단 범단과 같으나

氣如項羽 기운은
기 여 항 우 항우과 같다.

하고

上無片瓦 下無卓錐 위에는 기와 한쪽 없고
상 무 편 와 하 무 탁 추 밑에는 송곳 꽂을 땅 없으니

日往月來 不知是誰 해가 가고 달이 와도
일 왕 월 래 부 지 시 수 누구인지를 알지 못한다.

하였습니다. 그렇다고 그런걸 가지고 상을 내면 주주동착즉삼십방(住住動着則三十棒)할 것입니다.

왜냐하면

上是天兮下是地
상 시 천 혜 하 시 지

위에는 하늘
밑에는 땅

男是男兮女是女
남 시 남 혜 여 시 여

남자는 남자
여자는 여자

牧童撞着牧牛兒
목 동 당 착 목 우 아

목동을 잡아놓고 보니
역시 목동이라.

大家齊唱囉囉哩
대 가 제 창 날 라 리

다같이 노래불렀다.
날라리라고-

이것이야 말로 만년 즐거운 노래입니다.
그래서 부처님께서는 얻을 것 없는 보리를 다시한번 천명하였습니다.

【원문·역문】

何以故 如來者
하 이 고 여 래 자

왜냐하면
여래라 하는 것은

卽諸法如義
즉 제 법 여 의

모든 법이 한결같다는
뜻이기 때문이니,

若有人 言如來
약 유 인 언 여 래

그러므로 만약
어떤 사람이 여래가

得阿耨多羅三藐三菩提
득 아 뇩 다 라 삼 먁 삼 보 리

'아뇩다라삼먁삼보리를 얻었다'
고 말하더라도

須菩提 實無有法 佛得
수 보 리 실 무 유 법 불 득

수보리야, 부처님은 실로
어떤 법이 있지 않은 경계에서

| 阿耨多羅三藐三菩提 | 아뇩다라삼먁삼보리를 |
| 아 뇩 다 라 삼 먁 삼 보 리 | 얻은 것이라 말하기 때문이니라. |

| 須菩提 如來所得 | 수보리야, |
| 수 보 리 여 래 소 득 | 여래가 얻은 |

| 阿耨多羅三藐三菩提 | 아뇩다라 |
| 아 뇩 다 라 삼 먁 삼 보 리 | 삼먁삼보리 |

| 於是中 無實無虛 | 가운데는 실다움도 없고 |
| 어 시 중 무 실 무 허 | 헛됨도 없느니라. |

[원문·역문]

이곳은 곧 "원인이 없으면 불법도 없을 것인데" 하는 의심을 끊어주신 곳입니다.
"왜냐하면 ~ 뜻과 같다"한 곳은 진여(眞如)의 뜻이 곧 불법임을 밝힌 곳이고,
"만약 ~ 삼먁삼보리"는 보리는 깨닫는 것이지 얻는 것이 아님을 밝혔고,
"수보리 ~ 실도 허도 아니다"까지는 고집을 버리게 한 곳입니다.

항하사와 같은 덕성에 만유(萬有)를 구비하여 아무리 써도 끝이 나지 않기 때문입니다. 그러므로 야부스님이

| 富嫌千口少 | 부자는 천 입도 |
| 부 혐 천 구 소 | 많다고 하지 않는데 |

| 貧恨一身多 | 가난한 사람은 |
| 빈 한 일 신 다 | 한 사람도 많다고 한다. |

하고

| 生涯如夢若浮雲 | 꿈같은 인생이여, |
| 생 애 여 몽 약 부 운 | 뜬구름이로다. |

| 活計都無絶六親 | 살길을 찾다보니 |
| 활 계 도 무 절 육 친 | 6친이 끊어졌네. |

留得一雙靑白眼　　　오직 한쌍의
유 득 일 쌍 청 백 안　　푸른 눈을 얻고 보니

笑看無限往來人　　　한없이 왔다갔다 하는 사람을
소 간 무 한 왕 래 인　　보고 웃을 뿐이다.

그래서 여래께서는 모든 것을 불법으로 보게 된 것입니다.

[원문·역문]

是故　如來說一切法　　그러므로 여래께서는
시 고　여 래 설 일 체 법　　'일체법이 다

皆是佛法　　　　　　　불법이라고
개 시 불 법　　　　　　말하느니라.

須菩提　所言一切法者　수보리야,
수 보 리　소 언 일 체 법 자　이른바 일체법이란

卽非一切法　　　　　　곧 일체법이
즉 비 일 체 법　　　　　아니다.

是故　名一切法　　　　그 이름이
시 고　명 일 체 법　　　일체법일 뿐이니라.

須菩提　譬如人身長大　수보리야 비유하면 사람의
수 보 리　비 여 인 신 장 대　몸이 큰 것과 같느니라."

須菩提言　世尊　　　　수보리가 말씀하였다.
수 보 리 언　세 존　　　"세존이시여,

如來說人身長大　　　　여래께서 말씀하신 사람의
여 래 설 인 신 장 대　　몸이 아주 크다는 것도

卽爲非大身　是名大身　실은 큰 몸이 아니오니
즉 위 비 대 신　시 명 대 신　그 이름이 큰 몸일 따름입니다."

[단어·숙어]

마음이 본래 있는 것을 알고 새로 얻는 것이 아니라면 마음속에 나타난 모든 법이 실도 없고 허도 없는 것입니다. 그렇다면 일체법이 법 아닌 것이 없게 되므로 야부스님은

| 明明百草頭 명명백초두 | 밝고 밝은 풀속에 |
| 明明祖師意 명명조사의 | 밝고 밝은 조사의 뜻이 들어있다. |

하고

會造逡巡酒 회조준순주	모임 있으면 술 익고
能開頃刻花 능개경각화	문 열면 꽃을 보네.
琴彈碧玉調 금탄벽옥조	거문고 맑은 소리여,
爐煉白硃砂 노련백주사	노련한 사람에 의하여 백주사가 만들어진다.

그런데 이 같은 것이 어찌 다른데서 오는 것이겠습니까. 그동안 익혀온 풍유객들의 기량속에 나타난 재주들입니다.

그래서 중국사람들은 아이들을 업고 "상대인구을이(上大人丘乙已)"라 하였습니다. 대인 가운데서 가장 큰 대인은 공자님이라는 말입니다.

공자님만 닮으면 누구나 공자님 같이 될 수 있다는 말이지요. 이미 그런줄 알았다면 시법(是法) 비법(非法)이 불법 아닌 것 없을 것이니 죽을 물속에서도 용들이 활발하게 노는 것을 볼 것입니다. 옳고 그른 마음이 따로 없습니다.

그러기 때문에 야부스님은 "설사 한 물건(一切法)이라 불러도 맞지 않다" 하시고,

天産英靈六尺軀 천 산 영 령 육 척 구	태어날 때부터 영령한 6척구여
能文能武善經書 능 문 능 무 선 경 서	글도 잘하고 무술도 잘하고 경서도 잘하네.
一朝識破孃生面 일 조 식 파 양 생 면	하루아침에 어머니 낳아주신 얼굴을 파하고 나니
方信閑名滿五湖 방 신 한 명 만 오 호	바야흐로 5호에 그 이름이 꽉 차도다.

하였습니다. 다음은 '사람이 없으면 어떻게 불국토를 장엄할 것인가' 의심한 것을 풀어준 곳입니다.

【원문·역문】

須菩提 菩薩 수 보 리 보 살	"수보리야, 보살도
亦如是 若作是言 역 여 시 약 작 시 언	또한 이와 같아서 만일 '내가 한량없이
我當滅度無量衆生 아 당 멸 도 무 량 중 생	많은 중생을 제도했다'고 말하는 이가 있다면
卽不名菩薩 즉 불 명 보 살	이는 곧 보살이라 이름 할 수 없느니라.
何以故 須菩提 하 이 고 수 보 리	왜냐하면 수보리야,

實無有法 名爲菩薩
실무유법 명위보살

한 법도 마음에 두지 않는 이를
보살이라 이름하기 때문이다.

是故 佛說一切法
시고 불설일체법

그러므로 여래가 말하기를
'온갖 법에는 나도 없고,

無我無人無衆生無壽者
무아무인무중생무수자

남도 없고, 중생도 없고
수자도 없다'고 하느니라.

[단어·숙어]

진짜 법계를 통달하지 못하여 중생을 제도한다는 생각을 일으키거나, 정토를 만든다는 생각을 일으키면 그런 사람은 보살이라 할 수 없다. 왜냐하면 소는 소고, 말은 말이기 때문이다.

竹影掃階塵不動
죽영소계진부동

대 그림자는
쓸어도 쓸어지지 않고

月穿潭底水無痕
월천담저수무흔

못속의 달은
종적이 없기 때문이다.

추울 때는 온 하늘이 춥고, 더울 때는 온 하늘이 덥습니다.

有我元無我
유아원무아

유아가
원래 무아나

寒時燒軟火
한시소연화

추울 때는
불을 쪼여야 한다.

無心似有心
무심사유심

무심이
유심과 비슷하나

半夜拾金針
반야습금침

밤중에
금침을 주은 격이다.

금강경 특강　137

무심·무아가 분명한 도이지만 모르는 사람은 어떻게 할 것인가.

[원문·역문]

| 須菩提 若菩薩
수보리 약보살 | 수보리야,
만약 보살이 말하기를 |

作是言 我當莊嚴佛土
작시언 아당장엄불토

'내가 마땅히 불국토를
장엄한다'고 한다면

是 不名菩薩
시 불명보살

이는 보살이라
이름 할 수 없나니,

何以故 如來說
하이고 여래설

왜냐하면
여래가 말하는

莊嚴佛土者
장엄불토자

불국토의
장엄은

卽非莊嚴 是名莊嚴
즉비장엄 시명장엄

곧 장엄이 아니라 그 이름이
장엄일 뿐이기 때문이다.

須菩提 若菩薩
수보리 약보살

수보리야,
만약 보살이

通達無我法者
통달무아법자

무아의 진리를
통달하였다면

如來說名眞是菩薩
여래설명진시보살

여래가 이 사람을 참된
보살이라 이름하리라."

[단어·숙어]

그러므로 종경스님이

直指單傳密意深
직지단전밀의심

바로 전 한
깊고 깊은 마음이여

本來非佛亦非心	본래는 부처도
본래비불역비심	마음도 아니었다.
分明不受燃燈記	분명히
분명불수연등기	연등불게 수기 받지 않고
自有靈光耀古今	자기 영광이
자유영광요고금	고금에 빛나도다.

하였습니다.

그런데 수보리가 다시 "부처님들이 법을 보지 못했다면 어떻게 중생을 제도할 것인가" 의심하였기 때문에 다음 일체동관분을 설하셨습니다. 일체동관분에서는 5안을 설합니다.

第十八 一切同觀分
제십팔 일체동관분

일체를 하나로 보라

同觀般若
동관반야

【원문 · 역문】

須菩提 於意云何
수보리 어의운하

"수보리야,
너는 어떻게 생각하느냐.

如來 有肉眼不
여래 유육안부

여래가
육안이 있느냐."

如是 世尊 如來有肉眼
여시 세존 여래유육안

그러하옵니다. 세존이시여,
여래께서는 육안이 있습니다."

須菩提 於意云何
수보리 어의운하

"수보리야,
너는 어떻게 생각하느냐.

如來有天眼不 如是
여래유천안부 여시

여래가
천안이 있느냐."

世尊 如來有天眼
세존 여래유천안

그러하옵니다. 세존이시여,
여래께서는 천안이 있습니다."

須菩提 於意云何
수보리 어의운하

"수보리야,
너는 어떻게 생각하느냐.

如來有慧眼不 如是
여래유혜안부 여시

여래가
혜안이 있느냐."

世尊 如來有慧眼
세존 여래유혜안

그러하옵니다. 세존이시여,
여래께서는 혜안이 있습니다."

須菩提 於意云何
수보리 어의운하

"수보리야,
너는 어떻게 생각하느냐.

如來有法眼不 如是
여래유법안부 여시

여래가
법안이 있느냐."

| 世尊 如來有法眼
세존 여래유법안 | 그러하옵니다. 세존이시여,
여래께서는 법안이 있습니다." |

| 須菩提 於意云何
수보리 어의운하 | "수보리야,
너는 어떻게 생각하느냐. |

| 如來有佛眼不 如是
여래유불안부 여시 | 여래가
불안이 있느냐." |

| 世尊 如來有佛眼
세존 여래유법안 | 그러하옵니다. 세존이시여,
여래께서는 불안이 있습니다." |

[단어·숙어]

이 세상 모든 것은 똑같은 눈으로 보아도 보는 견해가 각기 다릅니다. 같은 산을 보아도 절터·묘터·집터만 보이는 사람이 있고, 같은 나뭇가지를 보고도 장구채를 생각한 사람과 훈장의 벌목(罰目)으로 생각한 사람들이 있습니다.

"육안(肉眼)"은 부모소생의 청정한 눈이고,

"천안(天眼)"은 천인처럼 항하사 빗방울을 셀 수 있는 눈이며,

"혜안(慧眼)"은 근본지를 통해 정사를 구분할 수 있는 진리의 눈이고,

"법안(法眼)"은 후득지(경험지)를 통하여 설법도인(說法度人)하는 능력을 가진 눈,

"불안(佛眼)"은 일체를 보고 깨달음을 얻게 하는 눈을 말합니다.

그래서 부대사는

| 天眼通非碍
천안통비애 | 천안은
장애가 없고 |

| 肉眼碍非通
육안애비통 | 육안은
장애가 있어 다 통하지 못한다. |

| 法眼唯觀俗
법안유관속 | 법안은
법계를 관하고 |

| 慧眼直緣空 | 혜안은 |
| 혜 안 직 연 공 | 인연이 공한 것을 알고 |

| 佛眼如千日 | 불안은 |
| 불 안 여 천 일 | 천개의 해가 뜬 것 같다. |

하였습니다. 그러나 그것은 누구에게만 특별히 가지고 있는 것이 아니라 모든 사람들이 다 가지고 있기 때문에 야부스님은,

| 盡在尾毛下 | 눈썹 밑에 |
| 진 재 미 모 하 | 다 가지고 있다. |

하고

| 如來有五眼 | 여래께서는 |
| 여 래 유 오 안 | 다섯 가지를 다 가지고 있는데 |

| 張三只一雙 | 보통 사람들은 |
| 장 삼 지 일 쌍 | 한쌍 뿐이다. |

| 一般分皂白 | 일반 사람들은 |
| 일 반 분 조 백 | 흑백만 가리고 |

| 的的別靑黃 | 혹 따로따로 |
| 적 적 별 청 황 | 푸른색 누른색도 보지만 |

| 其間些子爻訛處 | 그 사이 털끗만한 |
| 기 간 사 자 효 와 처 | 잘못만 있어도 |

| 六月炎天下雪霜 | 6월 염천에 |
| 육 월 염 천 하 설 상 | 눈서리가 내린 것 같게 된다. |

하였습니다. 조선조 때 한 임금님이 장님 홍씨를 불러다 두지속의 쥐에 대해서 묻고 사형집행하여 아차산이 생기게 되었습니다.

그러므로 여기
① 항하사 수를 헤아린 사람과
② 항하수 속의 황하를 보는 사람
③ 항하사수 세계를 보는 사람
④ 그 속의 중생들을 보는 사람
⑤ 그들 중생들의 마음을 다 아는 사람의 차이가 있습니다.
그래서 그 다음 글이 이렇게 나옵니다.

[원문·역문]

須菩提 於意云何
수보리 어의운하

"수보리야,
너는 어떻게 생각하느냐.

如恒河中所有沙
여 항 하 중 소 유 사

저 간디스강 가운데 있는 수많은
모래를 여래가 말한 적이 있느냐."

佛說是沙不 如是 世尊
불 설 시 사 부 여 시 세 존

"그렇습니다. 세존이시여,
여래께서는 간디스강의.

如來說是沙
여 래 설 시 사

모래에 대해서
말씀하신 일이 있습니다."

須菩提 於意云何
수보리 어의운하

"수보리야,
너는 어떻게 생각하느냐.

如一恒河中所有沙
여 일 항 하 중 소 유 사

저 간디스강 가운데 있는
모래 수와 같이

有如是沙等恒河
유 여 시 사 등 항 하

많은 간디스강이
있고

是諸恒河所有沙
시 제 항 하 소 유 사

또 이 모든 간디스강의
모래와 같은

數佛世界
수 불 세 계

수의
불세계가 있다면

| 如是 寧爲多不 | 그 세계를 참으로 |
| 여시 영위다부 | 많다 하겠느냐." |

| 甚多 世尊 | "아주 많사옵니다. |
| 심다 세존 | 세존이시여," |

| 佛告須菩提 | 부처님께서 |
| 불고수보리 | 수보리에게 말씀하셨다. |

| 爾所國土中 | 저 많은 |
| 이소국토중 | 국토 가운데 |

| 所有衆生 若干種心 | "저 많은 세계 가운데 있는 |
| 소유중생 약간종심 | 모든 중생들의 |

| 如來悉知 | 갖가지 마음을 |
| 여래실지 | 여래가 다 아느니라. |

[단어·숙어]

"약간종심"이란 여러 가지 마음이니 흑백염정심(黑白染淨心)입니다. 어떤 때는 탕자가 되어 가련하게 되었다가, 어떤 때는 선사가 되기도 하기 때문입니다. 그러므로 야부스님이

| 眼觀東南 意在西北 | 눈으로는 동남쪽을 보면서 |
| 안관동남 의재서북 | 뜻은 서북쪽에 있고 |

| 將謂猴白 更有猴黑 | 언제는 희다고 하였다가 |
| 장위후백 경유후흑 | 언제는 다시 검다고 한다. |

| 一切衆生一切心 | 일체중생의 |
| 일체중생일체심 | 일체심이 |

| 盡逐無窮聲與色 | 끝없이 소리와 색을 |
| 진축무궁성여색 | 따르기 때문이다. |

하였습니다. 그러므로 부처님은 그 마음은 진짜 마음이 아니므로 시간속에서는 찾을 수 없다고 하십니다.

[원문 · 역문]

何以故 如來說諸心
하 이 고 여 래 설 제 심

왜냐하면 여래가 말하는
모든 마음은

皆爲非心 是名爲心
개 위 비 심 시 명 위 심

마음이 아니라 그 이름이
마음일 따름이기 때문이니라.

所以者何 須菩提
소 이 자 하 수 보 리

그런 까닭에
수보리야,

過去心 不可得
과 거 심 불 가 득

과거심도
얻을 수 없고

現在心 不可得
현 재 심 불 가 득

현재심도
얻을 수 없고

未來心 不可得
미 래 심 불 가 득

미래심도
얻을 수 없느니라.

[단어 · 숙어]

병이 많으면 조심스럽게 약성(藥性)을 살펴보아야 합니다. 한 파도가 일어나면 만 파도가 일어나고, 개미가 채바퀴를 돌기 시작하면 끝날날이 없습니다. 그래서 장부는 망염(妄染)을 추파(推破)하고 본마음에 돌아갑니다.

왜냐하면 과거심은 이미 지나갔고, 미래심은 아직 오직 아니했으며, 현재심은 얻을 수 없기 때문입니다.

그러므로 부대사가

依他一念起
의 타 일 념 기

남을 의지하여
한 생각 일으키면

| 俱爲妄所行 | 모두가 |
| 구 위 망 소 행 | 허망한 행 |

| 便分六十二 | 문득 |
| 편 분 육 십 이 | 62견을 일으키니 |

| 九百亂縱橫 | 구백가지 난맥상이 |
| 구 백 난 종 횡 | 어지럽게 나타난다. |

하였습니다.

"62견"이란 5온을 3세에 배합하면 15가지가 되는데, 거기 4구(如去·不如去·亦如去·亦不如去·常·無常·亦常·亦無常·有邊·無邊·亦有邊·亦無邊·非有邊·非無邊에 단·상(斷·常) 2견을 보탠 것입니다.

"9백종횡"이란 96종의 외도를 말하니 6사외도에 각각 15명씩의 제자가 있으니 90이 되고, 거기 근본 6사를 보태면 96이 됩니다. 그러나 한번 파벌이 생기면 끝없이 분파해 나가게 되어 있으므로 9백종횡이라 한 것입니다. 그러므로 야부스님은 "조용히 콧구멍으로 출입하는 공기를 헤아려 보라" 하였습니다. 인생은 단 한번의 호흡에 달려있기 때문입니다.

| 三際求心心不見 | 삼제속에서 마음을 찾아도 |
| 삼 제 구 심 심 불 견 | 마음은 볼 수 없네. |

| 兩眼依前對兩眼 | 두 눈 의지하여 보아도 |
| 양 안 의 전 대 양 안 | 오직 두 눈만 보일뿐이네. |

| 不須遣劒刻舟尋 | 그러니 괜히 검객을 보내 |
| 불 수 견 검 각 주 심 | 배를 쪼지 말라. |

| 雪月風花常見面 | 눈 달 바람 꽃은 |
| 설 월 풍 화 상 견 면 | 언제나 네 앞에 있다. |

이것이 일체동관분입니다. 다음은 법계통화분입니다.

第十九 法界通化分
제십구 법계통화분
법계를 두루 교화하라

法界般若 법계반야

【원문·역문】

須菩提 於意云何
수보리 어의운하
"수보리야, 너는 어떻게 생각하느냐.

若有人
약유인
만약 어떤 사람이

滿三千大千世界七寶
만 삼천대천세계 칠보
삼천대천세계에 가득찬 칠보를 가지고

以用布施 是人
이용보시 시인
널리 보시한다면

以是因緣
이시인연
이 사람이 이 인연으로

得福多不
득복다부
얻는 복이 많겠느냐."

如是 世尊
여시 세존
"그렇겠습니다. 세존이시여,

此人 以是因緣
차인 이시인연
이 사람은 이 인연으로

得福 甚多
득복 심다
아주 많은 복을 얻겠습니다."

須菩提 若福德 有實
수보리 약복덕 유실
"수보리야, 만약 진실로 복이 있다면

如來不說得福德多
여래불설득복덕다
여래가 복덕을 많이 얻는다고 말하지 않을 것이니,

以福德 無故	복덕이 본래
이 복 덕 무 고	없는 것이므로
如來說得福德多	여래가 많은 복덕을 얻는다고
여 래 설 득 복 덕 다	말하느니라."

【단어·숙어】

상을 여의고 전도된 생각이 없이 보시를 행하면 다시는 타락없는 복을 형성한다는 말입니다. 복덕이란 느끼기에 달려 있습니다. 형제간에 절에서 열심이 도를 닦았는데, 형님은 선방에서 입승을 하고, 동생은 주방에서 복을 지었습니다. 그런데 동생은 왕궁의 코끼리가 되고, 형님은 다시 밥도 얻어먹기 힘든 나한님이 되어 있었습니다. 그래서 야부스님이

羅漢應供薄	나한은 밥도 얻어먹기
나 한 응 공 박	어렵게 되었고
象身七寶珍	코끼리 몸에는
상 신 칠 보 진	7보가 진진하네.
雖然多濁福	비록 그러나
수 연 다 탁 복	더러운 복자보다는
爭似少淸貧	가난한
쟁 사 소 청 빈	청빈이 났네.

罔象只因無意得	깜깜한 코끼리는
망 상 지 인 무 의 득	제 마음을 어찌하지 못하니
离婁失在有心親	잃어버린 동생을 보고
이 루 실 재 유 심 친	형님이 가까이 제도하였네.

"이루(离婁)"는 하늘의 별처럼 특별히 눈에 띈 것을 말합니다.

다음은 20 이색이상분입니다.

第二十 離色離相分   색신을 여읜   離相般若
제이십 이색이상분   법신여래   이상반야

"하염없는 마음속에 어떻게 상호가 있을까" 의심하므로 이 분이 설해지게 된 것입니다.

[원문·역문]

須菩提 於意云何
수보리 어의운하

"수보리야,
너는 어떻게 생각하느냐.

佛 可以具足色身 見不
불 가이구족색신 견불

가히 구족한 색신으로
여래를 볼 수 있겠느냐."

不也 世尊
불야 세존

"아니옵니다.
세존이시여.

如來 不應以具足色身 見
여래 불응이구족색신 견

구족한 색신을 가지고는
여래를 볼 수 없나이다.

何以故 如來說具足色身
하이고 여래설구족색신

왜냐하면 여래께서 말씀하신
구족한 색신은

卽非具足色身
즉비구족색신

곧 구족한
색신이 아니옵고

是名具足色身
시명구족색신

그 이름이 구족한
색신이기 때문입니다."

[단어·숙어]

이곳은 몸이 없으므로 온갖 몸을 나타낼 수 있다는 것을 밝혀준 곳입니다. 보신과 화신을 법신으로 착각할 염려가 있기 때문입니다. 그래서 다음은 상이 없으므로 온갖 상을 나타낼 수 있다고 설하십니다.

[원문·역문]

須菩提 於意云何
수보리 어의운하

"수보리야,
너는 어떻게 생각하느냐.

如來 可以具足諸相 見不
여래 가이구족제상 견부

가히 구족한 상을 가지고
여래를 볼 수 있느냐."

不也 世尊
불야 세존

"아니옵니다.
세존이시여.

如來 不應以具足諸相 見
여래 불응이구족제상 견

가히 구족한 상을 가지고
여래를 볼 수 없나이다.

何以故 如來說諸相具足
하이고 여래설제상구족

왜냐하면 여래께서 말씀하신
모든 구족한 상은

卽非具足 是名諸相具足
즉비구족 시명제상구족

곧 구족이 아니옵고 그 이름이
구족일 뿐이기 때문입니다."

[단어·숙어]

여래는 상이 없으므로 혜안을 갖춘 자만이 볼 수 있습니다. 3독이 완전히 없어지지 않는 자는 절대로 법신여래를 볼 수 없습니다. 그러나 허공은 모양이 없어도 볼 수 있지 않습니까. 그러므로 야부스님이

官不容針 私通車馬
관불용침 사통거마

관에서는 바늘 하나도 용납지 않으나
집에서는 거마가 왔다 갔다 한다.

하고

請君仰面看虛空
청군앙면간허공

그대는 보라.
얼굴을 들고 빈 하늘을

廓落無邊不見蹤
확락무변불견종

툭 터져 갓이 없어
자취를 볼 수 없으나

若解轉身些子力	조그마한 힘만 있다면
약 해 전 신 사 자 력	만약 몸을 굴려
頭頭物物總相逢	온갖 물건을
두 두 물 물 총 상 봉	보는 대로 만날 것이다.

하였습니다.

다음은 21 비설소설분인데 '몸이 없으면 어떻게 설법할 것인가' 의심한 것을 풀어준 곳입니다.

第二十一 非說所說分 — 말없는 설법 — 無說般若
제 이십일 비설소설분   무 설 반 야

【원문·역문】

須菩提 汝勿謂
수보리 여물위

"수보리야,
너는

如來作是念
여래작시념

이렇게
생각하지 말라.

我當有所說法 莫作是念
아당유소설법 막작시념

여래께서 마땅히 설한 바
진리가 있다고―,

何以故 若人 言
하이고 약인 언

왜냐하면 만일
어떤 사람이 말하기를

如來有所說法
여래유소설법

여래께서 설한 바
법이 있다고 한다면

卽爲謗佛
즉위방불

이는 곧 여래를
비방한 것이 되나니,

不能解我所說故
불능해아소설고

내가 말한 뜻을
알지 못한 까닭이니라.

須菩提 說法者
수보리 설법자

수보리야,
진리를 말한다는 것은

無法可說 是名說法
무법가설 시명설법

말할 수 없는 진리를 말한 것이니
그것을 이름하여 설법이라 하는 것이다."

【단어·숙어】

메아리소리는 사람이 없어도 납니다. 그렇지만 대장(大將) 소장(小將)이 있으므로 그로부터 온갖 메아리가 쏟아져 나오는 것입니다. 그러므로

有說皆成謗	설한 것이 있다 하여도
유설개성방	비방한 것이 되고
無言亦不容	설한 것이 없다 하여도
무언역불용	용납할 수 없다.
爲君統一線	그대를 위해
위군통일선	통일선을 그었으니
日向嶺東紅	해를 보고자 하거든
일향영동홍	고개넘어 동쪽하늘을 보라.

한 것입니다. 범부설법은 마음에 얻은 바가 있지만 여래 소설은 깨달으면 그 것으로 끝나기 때문입니다. 마치 그것은 토끼뿔·거북이털과 같기 때문입니다. 그러므로

多年石馬放毫光	오래된 돌말이
다년석마방호광	방광을 하니
鐵牛哮吼入長江	철소가 소리지르며
철우효후입장강	장강에 들어간다.
虛空一喝無蹤迹	허공에 대고 소리쳐도
허공일할무종적	종적이 없으니
不覺渚耳北斗藏	나도 모르는 사이에
불각저이북두장	몸을 북두에 숨겼다.

돌말이 방광하고 철소가 포효해야 장님이 눈을 뜨고 귀머거리가 귀가 뚫립니다. 허공속에 메아리가 눈·귀·코·혀·몸·뜻 속에 들어간 것과 같습니다.

그래도 수보리는 걱정이 됩니다. '말세 중생들이 이런 말을 알아들을까' 하고 말입니다. 그래서 부처님은 중생이 중생이 아니라 말씀하십니다.

[원문·역문]

| 爾時 慧命須菩提 白佛言 | 그때 혜명 수보리가 |
| 이시 혜명수보리 백불언 | 부처님게 사뢰었다. |

世尊 頗有衆生 於未來世
세존 파유중생 어미래세

"세존이시여, 다음 세상에
어떤 중생이 있어서

聞說是法 生信心不
문설시법 생신심부

이와 같은 말씀을 듣고 믿는
마음을 낼 수 있겠나이까."

佛言 須菩提
불언 수보리

부처님께서
말씀하셨다.

彼非衆生 非不衆生
피비중생 비불중생

"저들은 중생이 아니고
중생 아닌 것도 아니다.

何以故 須菩提
하이고 수보리

왜냐하면
수보리야,

衆生衆生者
중생중생자

중생중생이 여래의
입장에서 보면

如來說非衆生 是名衆生
여래설비중생 시명중생

중생이 아니고 그 이름이
중생이기 때문이다."

[단어·숙어]

불이 뜨거우면 바람이 나고, 물이 습하면 땅이 더욱 굳어집니다.

指鹿豈能成俊馬
지록기능성준마

사슴을 말이라 한다고
어찌 준마가 되겠으며

言烏誰謂是翔鸞
언오수위시상란

까마귀를 난새라 이른다고
난새가 되겠는가.

雖然不許纖毫異	비록 그러나
수연불허섬호이	털끝만큼도 용납지 않으나
馬字驢名幾百般	말·나귀 이름이
마자노명기백반	몇백가지나 되었던가.

 부처님 설법은 자운감로(慈雲甘露)라 술취한 사람 같아 몽몽(濛濛)하고, 수보리 청문은 청천 하늘에 밝은 달과 같아 공적적(空寂寂)합니다.
 "다음은 법이 없으면 어떻게 증득할까" 생각하였으므로 없는 법을 얻는 것이 불법이라고 설명하는 제22 무법가득분이 됩니다.

第二十二 無法可得分
제이십이 무법가득분

진리는 얻는 것이 없다.

無法般若
무법반야

'없는 법을 깨닫는 것'이 정각(正覺)임을 천명한 것은 무법가득분이 되고, '평등의 원리는 깨닫고 바르게 가르치고 바르게 닦아야 정각을 얻을 수 있다' 설한 것이 제23 정심행선분입니다.

[원문 · 역문]

須菩提 白佛言 世尊
수보리 백불언 세존

수보리가 부처님게 말씀하였다.
"세존이시여,

佛 得阿耨多羅三藐三菩提
불 득아뇩다라삼먁삼보리

부처님께서 얻으셨다고 하는
아뇩다라삼먁삼보리는

爲無所得耶
위무소득야

얻으신 것이
없습니다."

佛言 如是如是 須菩提
불언 여시여시 수보리

"그렇고 그렇다.
수보리야.

我於阿耨多羅三藐三菩提
아어아뇩다라삼먁삼보리

내가 말한 아뇩다라삼먁삼보리는
어떤 진리가 조금이라도

乃至無有少法可得
내지무유소법가득

남아 있지 않은 경계에서
아무것도 얻은 것이 없는 것을

是名阿耨多羅三藐三菩提
시명아뇩다라삼먁삼보리

아뇩다라삼먁삼보리라
이름하였을 뿐이다."

[단어 · 숙어]

사실 사람은 구한다고 하지만 알고보면 자기를 구하는 일에 불과합니다. 그러므로 야부스님이

滴水成氷信有之 적 수 성 빙 신 유 지	물이 얼음이 된다 하여야 믿을 수 있고
綠楊芳草色依依 녹 양 방 초 색 의 의	녹양방초라야 색이 가히 볼만하다.
秋月春花無限意 추 월 춘 화 무 한 의	가을 달 봄 꽃 한없는 뜻이여,
不妨閑聽鷓鴣啼 불 방 한 청 자 고 제	자고새 노랫소리 방애롭지 않다네.

반야는 본래 생이 없기 때문입니다.

다음은 정심행선분입니다.

第二十三 淨心行善分
제이십삼 정심행선분

깨끗한 마음으로 선을 닦아라

平等般若
평등반야

[원문·역문]

復次 須菩提
부차 수보리

"또 수보리야,

是法 平等 無有高下
시법 평등 무유고하

이 진리가 평등해서 높고 낮음이 없으니

是名阿耨多羅三藐三菩提
시명 아뇩다라삼먁삼보리

이것을 아뇩다라삼먁삼보리라 이름 하느니라.

以無我無人無
이 무아 무인 무

나도 없고 남도 없고

衆生無壽者
중생무수자

중생도 없고 수자도 없이

修一切善法
수일체선법

온갖 선법을 닦으면

卽得阿耨多羅三藐三菩提
즉득 아뇩다라삼먁삼보리

즉시 아뇩다라삼먁삼보리를 얻으리라.

須菩提 所言善法者
수보리 소언선법자

수보리야, 이른바 선법이란

如來 說卽非善法
여래 설즉비선법

여래가 곧 선법 아닌 것을 일컫는 말이니

是名善法
시명선법

그 이름이 선법일 뿐이니라."

[단어·숙어]

보리법을 위로 모든 부처님으로부터 밑으로 곤충에 이르기까지 다 일체종지를 가지고 있으므로 평등법으로써 선행을 하라 한 것입니다. 그러면 평등하다하니 학다리 끊어다가 오리다리에 붙이는 것이 아니고

  山高海深日月落   산은 높고 바다는 깊고
  산 고 해 심 일 월 락   해는 뜨고 달은 지는

식으로 해야 된다고 하였습니다. 왜냐하면 스님은 스님이고, 속인은 속인이며, 기뻐서 웃는 사람이 있는가 하면 슬퍼서 우는 자도 있기 때문입니다.
 그러므로 야부스님이 "얼굴에는 웃음꽃이 피었으나 배속에는 가시가 들었다" 하고, "선악시비는 장군의 도장 따라 군인들이 움직이는 것 같으니 홀로 높은 산에 올랐다가 도리어 염라국에 빠지는 수가 있으니 조심하라" 하였습니다.
 종경스님이 노래 불렀습니다.

  山花似錦水如藍   산꽃은 비단같고
  산 화 사 금 수 여 람   물빛은 쪽과 같다.
  莫問前三與後三   전삼삼 후삼삼은
  막 문 전 삼 여 후 삼   묻지 말고
  心境廓然忘彼此   마음과 경계를 툭 터
  심 경 확 연 망 피 차   피차를 잊으려면
  大千沙界總包含   대천 사계를
  대 천 사 계 총 포 함   다 포함한 것이다.

하였습니다.
 다음은 "만약 설한 것이 무기(無記)에 떨어진다면 무상보리의 씨가 될 수 있는데?" 의심하므로 '복과 지혜는 비교가 안된다' 설법한 제24 복지무비분이 됩니다.

第二十四 福智無比分
제이십사 복지무비분
복과 지혜는 비교할 수 없다 　四句般若
　사 구 반 야

[원문·역문]

須菩提 若三千大千世界中
수보리 약삼천대천세계중
"수보리야,
삼천대천세계 가운데서

所有諸須彌山王
소유제수미산왕
제일 큰 산인
수미산왕만한

如是等七寶聚
여시등칠보취
7보의 덩어리를
가지고

有人 持用布施
유인 지용보시
어떤 사람이
보시한다 하여도

若人 以此般若波羅密經
약인 이차반야바라밀경
만일 또 다른 사람이
이 반야바라밀경에서

乃至四句偈等
내지사구게등
내지 4구게를
받아 지니고

受持讀誦 爲他人說
수지독송 위타인설
읽고 외우고
남을 위해 연설해 준다면,

於前福德 百分 不及一
어전복덕 백분 불급일
앞의 복덕으로는
백분의 일에도 미치지 못하고

百千萬億分
백천만억분
백천만억분의 일에도
미치지 못하며

乃至算數譬喩
내지산수비유
내지 숫자가
있는대로 다 모아서

所不能及
소불능급
비교하더라도
미치지 못하느니라."

[단어·숙어]

"3천대천세계"는 224만리의 대철위산과 112의 소철위산, 336만리의 수미산을 통칭한 말인데, 바꾸어 말하면 탐·진·치 3독이 각 1천씩 된 것을 비유한 것입니다. 모두 이것은 유루의 복가운데서 이루어지는 것입니다. 그러므로 야부스님이

千錐劄地　　　　송곳으로 천번
천 추 답 지　　　땅을 파는 것보다

不如鈍鍬一捺　　가래로 한번
불 여 둔 초 일 날　뒤집는 것만 못하다.

하고

麒麟鸞鳳不成群　　기린과 봉은
기 린 연 봉 불 성 군　무리를 이루지 않고

尺璧寸珠那入市　　척벽촌주는
척 벽 촌 주 나 입 시　시중에 들지 않으며

逐日之馬不並馳　　하루거리 말과
축 일 지 마 불 병 치　나란히 하지 않고

倚天長劒人難比　　하늘 닿는 칼은
의 천 장 검 인 난 비　사람이 헤아릴 수 없다.

왜냐하면 하늘 땅도 덮고 실을 수 없고, 겁화도 무너뜨릴 수 없으며, 늠름한 그 빛은 태허공과 합하여 천상인간 그 누구도 짝할 이가 없기 때문입니다.

다음은 "평등하려면 어떻게 중생을 제도할 것인가" 의심한 것을 제25 화무소화분으로 풀어줍니다.

第二十五 化無所化分
제이십오 화무소화분

교화할 것 없는 것을 교화한다.

衆生般若
중생반야

[원문·역문]

須菩提 於意云何
수보리 어의운하

"수보리야,
너는 어떻게 생각하느냐.

如等 勿謂如來作是念
여등 물위여래작시념

너희들은
여래가 생각하기를

我當度衆生
아당도중생

내가 마땅히
중생을 제도한다고

須菩提 莫作是念
수보리 막작시념

수보리야,
이런 생각을 하지 말라.

何以故 實無有衆生
하이고 실무유중생

왜냐하면 진실로
여래께서는

如來度者
여래도자

제도할 중생이
없기 때문이니,

若有衆生 如來度者
약유중생 여래도자

만약 여래가 중생이 있고
또 여래가 제도함이 있다면

如來卽有我人衆生壽者
여래즉유아인중생수자

여래가 곧 아상·인상·중생상·
수자상이 있는 것이 되기 때문이니라.

須菩提 如來說有我者
수보리 여래설유아자

수보리야, 여래가
내가 있다고 말한 것은

卽非有我
즉비유아

곧 내가
있는 것이 아니다.

而凡夫之人 以爲有我
이범부지인 이위유아

단지 범부들이
'나라는 생각'을 할 뿐이다.

須菩提 凡夫者 수 보 리 범 부 자	수보리야, 범부라는 말도
如來說卽非凡夫 여 래 설 즉 비 범 부	여래는 곧 범부라 이름하지 않고
是名凡夫 시 명 범 부	단지 그 이름을 범부라 부를 따름이니라."

[단어·숙어]

일체중생이 본래부터 부처가 되어 왔기 때문입니다. 난초 국화는 사람이 향기를 뿌려서 향기가 나는 것이 아닙니다. 태어나면서부터 그 속에 향기가 들어있기 때문입니다. 그러므로 야부스님이

生下東西七步行 생 하 동 서 칠 보 행	태어날 때부터 동서로 7보행을 하였고
人人鼻直兩眉橫 인 인 비 직 양 미 횡	사람사람이 모두 양미간을 갖추었다.
嗲呭悲喜皆相似 다 화 비 희 개 상 사	웃고 우는 것이 모두가 비슷한데
那時誰更問尊堂 나 시 수 갱 문 존 당	어느 누가 더 높은가 물어보라.

하였습니다. 그래서 십류(十類) 시방불이 함께 성불하고 동시에 열반에 들었다 한 것입니다. 앞에서는 중생 같더니 뒤에서 보니 모두가 부처입니다. 어떤 때는 삼두(三頭) 육비(六臂)로 신처럼 활동하더니, 어떤 때는 술이 취해 미친 짓을 하고 갑자기 향 피우고 예배드리다가 갑자기 손에 쪼개진 그릇 들고 밥 얻으로 다닙니다. 어떤 자는 몸에 비단을 입고 어떤 때는 부지깽이로 매를 맞으니 천만가지 모습은 달라도 콧구멍으로 숨쉬는 것을 보면 모두가 똑같습니다.

다음은 "모두가 이렇게 똑같다면 진짜 부처님은 어떻게 가려볼 수 있을까"의

심한 것을 제26 법신비상분에서 풀어줍니다.

　먼저는 문답으로써 밝히고 다음에는 게송으로써 밝힙니다.

第二十六 法身非相分
제이십육 법신비상분

법신은 모양이 없다

法身般若
법신반야

【원문 · 역문】

須菩提 於意云何
수보리 어의운하

"수보리야,
너는 어떻게 생각하느냐.

可以三十二相 觀如來不
가이삼십이상 관여래부

가히 삼십이상으로써
여래를 볼 수 있겠느냐."

須菩提言 如是如是
수보리언 여시여시

수보리가 말씀하시기를
예, 그렇습니다.

以三十二相 觀如來
이삼십이상 관여래

삼십이상으로
여래를 볼 수 있습니다."

佛言 須菩提
불언 수보리

부처님께서
말씀하시기를

若以三十二相 觀如來者
약이삼십이상 관여래자

"만일 삼십이상으로써
여래를 볼 수 있다면

轉輪聖王 卽是如來
전륜성왕 즉시여래

전륜성왕도
곧 여래라 하겠구나."

須菩提 白佛言 世尊
수보리 백불언 세존

"세존이시여,
부처님께서

如我解佛所說義
여아해불소설의

말씀하신 뜻으로 제가
이해 하옵기로는

不應以三十二相 觀如來
불응이삼십이상 관여래

삼십이상으로서는 여래를
볼 수 없사옵니다."

爾是 世尊 而說偈言
이시 세존 이설게언

세존께서 게송으로
말씀하셨다.

금강경 특강 165

[단어·숙어]

모양에 집착하면 정에 빠져 범부 성현을 가려보기 어렵습니다. 그러므로 야부 스님이 잘못 보지 말라고 경계하시고 다음과 같이 읊었습니다.

泥塑木彫縑綵華 니 소 목 조 겸 채 화	진흙 나무 그림그려 만든 모양
堆靑抹綠更粧金 퇴 청 말 록 갱 장 금	푸른색 녹색 금으로 분장하여
若將此時如來相 약 장 차 시 여 래 상	부처님 모습과 꼭같이 만들어 놓으니
笑殺南無觀世音 소 살 나 무 관 세 음	웃긴다. 사람죽일 일이여 나무관세음보살마하살.

달을 가르키는 손가락이요, 밥먹는 숟가락입니다.

[원문·역문]

若以色見我 약 이 색 견 아	"만일 모양으로 나를 보려 하거나
以音聲求我 이 음 성 구 아	음성으로 나를 찾으려 하면
是人行邪道 시 인 행 사 도	그 사람은 곧 삿된 도를 행하는 자라
不能見如來 불 능 견 여 래	여래를 능히 볼 수 없으니라."

[단어·숙어]

알고보니 색상이 둘이 아니나 역시 여래는 아닙니다. 색은 상이고 소리는 식(識)이기 때문입니다. 그러나 이것을 여의고는 여래를 이해할 수 없으므로

見色聞聲世本常 견 색 문 성 세 본 상	색을 보고 소리 듣는 것은 세상의 본상인데
一重雪上一重霜 일 중 설 상 일 중 상	눈위에 서리가 한번더 덮인 것 같다.
君今要見黃頭老 군 금 요 견 황 두 로	그대 이것보고 부처님인줄 알면
走入摩耶腹內藏 주 입 마 야 복 내 장	마야부인의 배속으로 달려들어갈 것이다.

　그러므로 조심해야 한다고 하였습니다. 30년 후에 땅에다 금막가지 버리는 소리가 들릴테니 말입니다.
　그러면 다음은 "그렇다면 불과(佛果)와 복은 관계없는 것인가" 의심한 것을 27. 무단무멸분으로 풀어주십니다.

第二十七 無斷無滅分
제이십칠 무단무멸분

아주 없는 것 아니다 　　**無上般若**
　　　　　　　　　　　　　무 상 반 야

【원문 · 역문】 ────────

須菩提 汝若作是念
수 보 리 　여 약 작 시 념

"수보리야,
너는 이런 생각을 하지말라.

如來 不以具足相故
여 래 　불 이 구 족 상 고

'여래가 구족한 상을
갖추지 않았기 때문에

得阿耨多羅三藐三菩提
득 아 뇩 다 라 삼 먁 삼 보 리

아뇩다라삼먁삼보리를
얻었다'고 말이다.

須菩提 莫作是念
수 보 리 　막 작 시 념

수보리야,
그런 생각을 하지 말라.

如來不以具足相故
여 래 불 이 구 족 상 고

'여래께서 구족한 몸매를
갖추지 않았기 때문에

得阿耨多羅三藐三菩提
득 아 뇩 다 라 삼 먁 삼 보 리

아뇩다라삼먁삼보리를
얻었다'고 말이다.

須菩提 汝若作是念
수 보 리 　여 약 작 시 념

수보리야,
네가 만일 그런 생각을 가지고

發阿耨多羅三藐三菩提心者
발 아 뇩 다 라 삼 먁 삼 보 리 심 자

아뇩다라삼먁삼보리심을
낸다면

說諸法 斷滅 莫作是念
설 제 법 　단 멸 　막 작 시 념

모든 법이 끊어지고 말 것이니
그런 생각을 짓지 말라.

何以故 發阿耨多羅三藐
하 이 고 　발 아 뇩 다 라 삼 먁

왜냐하면 아뇩다라삼먁
삼보리심을 낸 사람은

三菩提心者 於法 不說斷滅相
삼 보 리 심 자 　어 법 　불 설 단 멸 상

모든 법에 단멸상을 내지
않기 때문이다."

【단어·숙어】

상(相)을 부수면 단멸상에 빠지고, 딴생각하면 변견(邊見)에 빠집니다. 왜냐하면 온갖 상과 견이 그 마음을 여의지 않고 존재하기 때문입니다.

그러므로 종경스님이

一燈能續百千燈 일 등 능 속 백 천 등	한 등이 백천 등을 켜
心印光通法令行 심 인 광 통 법 령 행	마음의 빛이 법령으로 나타나네.
千聖不傳吹不滅 천 성 부 전 취 불 멸	천성이 전하지 못한 소리 불어도 꺼지지 않으니
聯輝列焰轉分明 연 휘 열 염 전 분 명	두 빛이 합하여 더욱더욱 빛나도다.

하였습니다. 잘못 자르면 짤매기가 되고 그대로 놓아두자니 생각이 끊어지지 않으니 어찌해야 할 것인가. 그래서 28. 불수불탐분이 나옵니다.

第二十八 不受不貪分
제이십팔 불수불탐분

받지도 말고
탐하지도 말라

不貪般若
불 탐 반 야

먼저는 복덕을 잃지 않는 방법을 설하고, 다음에는 그 이유를 분명히 밝혔습니다.

【원문·역문】

須菩提 若菩薩
수보리 약보살

"수보리야,
만약 어떤 보살이

以滿恒河沙等世界七寶
이 만 항 하 사 등 세 계 칠 보

간지스강의 모래수와 같이
많은 세계에 가득 찬

持用布施 若復有人
지 용 보 시 약 부 유 인

7보를 가지고 널리 보시할
지라도 만약 다시 어떤 사람이

知一切法無我 得成於忍
지 일 체 법 무 아 득 성 어 인

일체법에 무아의 진리를 알아
깨달음을 이루었다면

此菩薩 勝前菩薩
차 보 살 승 전 보 살

이 보살이 얻은 공덕은
앞의 보살이

所得功德
소 득 공 덕

얻은 공덕보다
뛰어나리라.

何以故 須菩提
하 이 고 수 보 리

왜냐하면
수보리야,

以諸菩薩 不受福德故
이 제 보 살 불 수 복 덕 고

모든 보살들은 복덕을
받지 않기 때문이니라."

須菩提 白佛言
수 보 리 백 불 언

수보리가
부처님께 말씀하셨다.

世尊 云何菩薩
세 존 운 하 보 살

"세존이시여,
어찌하여 보살이

170　금강경 특강

不受福德	복덕을 받지 않는다고
불 수 복 덕	하시옵니까."
須菩提 菩薩 所作福德	"수보리야, 보살은
수 보 리 보 살 소 작 복 덕	자기가 지은 바 복덕을
不應貪着 是故	탐착하지 않기 때문이니,
불 응 탐 착 시 고	그러므로
說不受福德	복덕을 받지 않는다고
설 불 수 복 덕	말하느니라."

【단어 · 숙어】

일체법에 통달하면 능소심이 없어지므로 그것을 일러 "인(忍)"이라 합니다. 그런 사람은 귀로 들어도 귀머거리 같고, 말을 해도 벙어리 같습니다. 그러므로 야부스님이

馬下人因馬上君	말 아랫사람으로 인하여
마 하 인 인 마 상 군	말 위에 인군이 있으니
有高有下有疏親	높기도 하고 낮기도 하고
유 고 유 하 유 소 친	친소가 분명하다.
一朝馬死人歸去	그런데 하루아침 말이 죽으니
일 조 마 사 인 귀 거	사람들이 가고 없어
親子如同陌路人	친자식도
친 자 여 동 맥 로 인	길가는 사람같다.

똑같이 걸어가는 사람, 어떤 사람이 말몰이꾼이고, 인군인가 물어보시오. 허리가 없으니 허리띠가 필요치 않고, 입이 없으니 자랑할 말이 없습니다.

| 似水如雲一夢身 | 물같고 구름같고 |
| 사 수 여 운 일 몽 신 | 꿈같은 몸이여, |

不知此外更何親 부 지 차 외 갱 하 친	이것밖에 아는 것 없으니 무엇을 친할 것인가.
箇中不許容地物 개 중 불 허 용 지 물	그 가운데 다른 물건 용납하지 않으니
分付黃梅路上人 분 부 황 매 노 상 인	황매산 길가는 사람들에게 나누어 주리라.

하고, 종경스님은

數行梵字雲中雁 수 행 범 자 운 중 안	몇줄 범자는 구름가운데 기러기요
一曲無生澗底琴 일 곡 무 생 간 저 금	한곡조 무생곡은 거문고 타고 흘러내린다.
德勝河沙渾不用 덕 승 하 사 혼 불 용	거룩한 공덕은 하사의 보물을 섞어쓰지 않으니
淸風明月是知音 청 풍 명 월 시 지 음	맑은 바람 밝은 달이 그 소리를 알아본 것이다.

다음은 제29 위의적정분으로 "화신(化身)이 출현해도 복을 받을 수 있을까" 한 의심을 풀어준 곳입니다. 위의적정분에서는 잘못된 생각만 바로잡아주고 법보화 3신불이 같고 다른 것은 제30 일합이상분에 끊어줍니다.

第二十九 威儀寂靜分
제이십구 위의적정분

위의가 그윽하다   寂靜般若 정적반야

【원문·역문】

須菩提 若有人 言
수보리 약유인 언

"수보리야, 만일 어떤 사람이

如來若來若去若坐若臥
여래약래약거약좌약와

'여래가 혹 온다거나 간다거나 혹 앉고 눕는다'고 말한다면

是人 不解我所說義
시인 불해아소설의

이 사람은 내가 말한 바 뜻을 알지 못하는 사람이다.

何以故 如來者
하이고 여래자

왜냐하면 여래는

無所從來
무소종래

어디로 좇아오는 바도 없으며

亦無所去 故名如來
역무소거 고명여래

또한 어디로 가는 것도 없기 때문에 그 이름을 여래라 하는 것이다."

【단어·숙어】

복덕 보응은 중생교화의 한 방편이니 제불여래의 자연업은 우주에 꽉 차 있기 때문입니다. 그러므로 야부스님이 "산 입구에 서서 합장하고 불전속에 올라가면 향 피운다" 하였습니다. 그러면 부처님은 무엇하려 왔다갔다 했는가. 부대사가 말했습니다.

如來何所來
여래하소래

여래가 무엇 때문에 왔으며

修因幾劫功
수인 기겁공

오랜세월 닦은 공부 무엇 때문인가.

斷除因我見	단지 아견을
단 제 인 아 견	없애기 위해서 왔으니
方用通眞宗	그런줄 알면
방 용 통 진 종	진종을 통달하리라.

하고 야부스님은 "봄 가을 남악 천태로 돌아다닌 한산 습득과 똑같다" 하였습니다. 다음은 30. 일합이상분은 '법신이 하나인가 다른가'를 풀어준 곳입니다.

第三十 一合理相分
제 삼십 일합이상분
진리와 현상은 둘이 아니다

不二般若
불이반야

먼저는 비일비이(非一非異)로 밝히고, 다음에는 추세(麤細)로 밝힙니다.

【원문·역문】

須菩提 若善男子善女人
수보리 약선남자선여인

"수보리야,
만약 선남자·선여인이

以三千大千世界
이삼천대천세계

삼천대천세계를
부수어

碎爲微塵 於意云何
쇄위미진 어의운하

가는 먼지를 만들었다면
네 생각에 어떠하냐.

是微塵衆 寧爲多不
시미진중 영위다부

이 가는 먼지가
얼마나 많겠느냐."

須菩提言 甚多 世尊
수보리언 심다 세존

"심히 많사옵니다.
세존이시여.

何以故 若是微塵衆
하이고 약시미진중

왜냐하면 만약
이 가는 먼지가

實有者 佛
실유자 불

실로 있는 것이라면
부처님께서는 곧 저것을

卽不說是微塵衆
즉불설시미진중

가는 먼지라 말씀하시지
않으셨을 것입니다.

所以者何 佛說微塵衆
소이자하 불설미진중

왜냐하면 부처님께서
말씀하시는 가는 먼지는

卽非微塵衆 是名微塵衆
즉비미진중 시명미진중

가는 먼지가 아니고 그 이름이
가는 먼지이기 때문입니다.

금강경 특강 175

| 世尊 如來所說 | 세존이시여, |
| 세 존 여 래 소 설 | 여래께서 |

三千大千世界
삼 천 대 천 세 계

말씀하신
삼천대천세계도

卽非世界 是名世界
즉 비 세 계 시 명 세 계

곧 세계가 아니옵고
그 이름이 세계일 뿐입니다.

何以故 若世界 實有者
하 이 고 약 세 계 실 유 자

왜냐하면
만약 세계가 실로 있다면

卽是一合相
즉 시 일 합 상

그것은 곧
일합상이어야 할 것인데,

如來說一合相
여 래 설 일 합 상

여래께서
말씀하시는

卽非一合相
즉 비 일 합 상

일합상은
일합상이 아니고

是名一合相
시 명 일 합 상

그 이름이
일합상이기 때문입니다."

須菩提 一合相者
수 보 리 일 합 상 자

"수보리야,
일합상이라 하는 것은

卽是不可說
즉 시 불 가 설

가히 말로
할 수 없는 것인데

但凡夫之人 貪着其事
단 범 부 지 인 탐 착 기 사

다만 범부 중생들이
그것을 탐착할 뿐이니라."

[단어·숙어]

세계와 미진은 둘이 아니고 많고 작은 것 또한 마찬가지입니다. 똑같은 손인데도 쥐면 주먹이고 펴면 손바닥입니다. 법신·보신·화신도 마찬가지입니다. 내가 쓰기 위해 몸을 받으면 보신이 되지만, 남이 쓰기 위해 몸을 받으면 화신이 됩니다. 그래서 보화신은 인연따라 나기 때문에 응신(應身)이라 하는 것입니다. 그러므로 야부스님이 "물속에 들어가보지 않은 사람은 깊고 얕은 것을 알지 못한다" 하고,

一塵纔起翳磨空 일 진 재 기 예 마 공	한티끌 일어나 허공을 갈고 돌아다니면서
碎抹三千數莫窮 쇄 말 삼 천 수 막 궁	부서지니 3천개 그 수를 헤아릴 수 없네.
野老不能收拾得 야 노 불 능 수 습 득	들 노인은 거두어 수습할 수 없으니
任敎隋雨又隨風 임 교 수 우 우 수 풍	시키는대로 비바람 내리리라.

하였습니다. 쥐었다 놓았다 하는 것은 병사들이 도장 하나 때문에 왔다 갔다 하는 것과 똑같습니다. 어떤 때는 혼자 되었다가 또 어떤때는 둘이 되었다가 셋이 된 것이 모두 그와 같습니다. 한가지도 원래 거둘 수 없는데 만법이야 더 말할 것 있겠습니까. 단지 지견(知見)만 내지 아니하면 걱정할 것이 없으므로 다음에는 31. 지견불생분이 됩니다.

第三十一 知見不生分　지견을 내지 말라　法相般若
제삼십일 지견불생분　　　　　　　　법상반야

먼저는 언집(言執)을 보내고, 다음은 법집(法執)을 제거합니다.

[원문·역문]

須菩提 若人 言
수보리 약인 언

수보리야,
만약 어떤 사람이 말하기를

佛說我見人見衆生見
불설아견인견중생견

'여래가 아견·인견·중생견을
말한다'고 한다면

須菩提 於意云何
수보리 어의운하

수보리야,
네 생각이 어떠하냐.

是人 解我所說義不
시인 해아소설의부

내가 말한 진리를 바로 이해한
사람이라 할 수 있겠느냐."

不也 世尊
불야 세존

"할 수 없나이다.
세존이시여.

是人 不解如來所說義
시인 불해여래소설의

이 사람은 여래께서 말씀하신
진리를 알지 못한 사람입니다.

何以故 世尊
하이고 세존

왜냐하면
세존께서 말씀하신

說我見人見
설아견인견

아견
인견

衆生見壽者見
중생견수자견

중생견
수자견은

卽非我見人見
즉비아견인견

곧 아견이 아니옵고
인견도 아니며

衆生見壽者見 중생견수자견	중생견도 아니고 수자견도 아니며,
是名我見人見 시명아견인견	그 이름이 아견·인견·
衆生見壽者見 중생견수자견	중생견·수자견이기 때문입니다.
須菩提 發阿耨多羅三 수보리 발아뇩다라삼	"수보리야, 아뇩다라
藐三菩提心者 먁삼보리심자	삼먁삼보리심을 일으킨 이는
於一切法 應如是知 어일체법 응여시지	온갖 법에 마땅히 이와 같이 알며
如是見 如是信解 여시견 여시신해	이와 같이 보며 이와 같이 믿고 깨달아서
不生法相 불생법상	법상도 내지 말아야 할 것이니라.
須菩提 所言法相者 수보리 소언법상자	수보리야, 말한 바 법상은
如來說卽非法相 여래설즉비법상	여래께서 설한 법상이 아니라
是名法相 시명법상	다만 그 이름이 법상일 뿐이니라."

[단어·숙어]

"아견(我見)"은 허망분별이고 법상 또한 마찬가지입니다. 그러므로 옛사람들은 사마타(止)로 일단 가던 길을 정지해 보고 다음 위빠사나(觀)로 갈 것인지 안갈 것인지를 확인합니다. 그리고 마지막 삼매(定)를 통해 정려행(禪行)을 합니다. 마치 길가던 사람이 일단 서서 신호등을 보고 걸어가듯이 말입니다.

그러므로 야부스님이 "밥이 오면 입이 저절로 벌어지고 잠이오면 눈이 저절로 감기는 것 같다" 하고,

千尺絲輪直下垂 천자 낚싯줄을
천 척 사 륜 직 하 수 바로 탁 던지니

一波纔動萬波隨 한 파도 일어나자
일 파 재 동 만 파 수 만 파도 일어나네.

夜靜水寒魚不食 고요한 밤 찬물에
야 정 수 한 어 불 식 고기가 물지 아니하니

滿船空載月明歸 빈배에 밝은달만
만 선 공 재 월 명 귀 가득히 싣고 돌아오네.

이것이 불교의 포교이고 전법입니다. 공(空) 유(有)를 둘 다 놓아버리면 3천대천세계가 모두 제 집이 되고, 8만중생이 모두 한 가족이 됩니다.

그때 수보리가 마지막 의심을 일으킵니다.

"화신설법에 복이 없으면 어떻게 할꼬!"

말입니다. 그래서 32. 응화비진분이 설해지는데 게송까지는 질문에 대한 답변으로 금강경 정종분이 끝나는 부분이고, 그 나머지는 유통분으로 결론에 해당합니다.

第三十二 應化非眞分   응화신은   眞如般若
제삼십이 응화비진분   참된 것 아니다   진여반야

【원문·역문】

須菩提 若有人
수보리 약유인

"수보리야,
만약 어떤 사람이

以滿無量阿僧祗世界七寶
이 만 무량 아승지 세계 칠보

한량없는 아승지세계에
가득찬 칠보를 가지고

持用布施
지용보시

널리 보시했다
하더라도

若有善男子 善女人
약유선남자 선여인

만약 보살심을 일으킨
선남 선녀가

發菩薩心者 持於此經
발보살심자 지어차경

이 경을
지니고

乃至四句偈等 受持讀誦
내지 사구게등 수지독송

내지 4구게를 받아 지니고
읽고 외워서 다른 이를

爲人演說 其福 勝彼
위인연설 기복 승피

위해 연설해 준다면 그 복이
저 복보다 더욱 뛰어나리라.

云何爲人演說
운하위인연설

어떻게 하는 것이
남을 위해 연설하는 것인가.

不取於相 如如不動
불취어상 여여부동

상에 이끌리지 않고 한결같은 마음
으로 흔들림 없이 하여야 하느니라.

何以故 一切有爲法
하이고 일체유위법

왜냐하면
일체 유위법은

如夢幻泡影
여몽환포영

꿈과 같고 환과 같고
그림자물거품 같고

如露亦如電
여 로 역 여 전

이슬 번개와
같기 때문이니

應作如是觀
응 작 여 시 관

마땅히 이와 같이
보아야 하느니라."

[단어·숙어]

알면 속지 않는다. 화현복도 없지 않으나 그것은 무진복이 되지 못하기 때문에 무위복(無爲福)과는 비교가 되지 않는다 하였습니다.

그러나 "행주좌와에 시비하고 나, 내것이라 따지는 것이 바로 그것을 여의지 않고 있으니 거기서 울고 웃는 놈은 한번 때려잡으면 바로 4구묘문에서 상을 취하지 않고 여여부동한 경계를 체득할 것이다" 하였습니다.

得優遊處且優遊
득 우 유 처 차 우 유

세월따라 만족하게 살면서
또 만족하게 살아간다면

雲自高飛水自流
운 자 고 비 수 자 유

구름 높이 나는 곳에
물이 저절로 흐를 것이다.

祗見黑風翻大浪
지 견 흑 풍 번 대 랑

단지 검은 바람에
큰 물결 일어난 것을 본다고

未聞沈却釣魚舟
미 문 침 각 조 어 주

고깃배가 침몰했다는
소리를 듣지 못했다.

왜냐하면 일체유위법이 꿈과 환, 거품, 그림자, 이슬, 정기 같기 때문입니다.
"꿈"은 허망한 몸
"환"은 허망한 생각
"물거품"은 번뇌
"그림자"는 업장
"이슬, 전기"는 잠깐 있다 없어진 것이니 무상 무아입니다.
배는 노젓는 사람에게 달려있으니 성품의 파난(波瀾)을 잘 보아야 합니다.

水中捉月 鏡裏尋頭 수 중 착 월 경 리 심 두	물속에서 달 건져본 사람 거울속에서 사람머리 찾는 사람
刻舟求劍 騎牛覓牛 각 주 구 검 기 우 멱 우	배에 구멍 뚫으며 칼찾는 사람 소타고 소찾는 사람
空華陽燄 夢幻浮漚 공 화 양 염 몽 환 부 구	허공꽃 아지랑 꿈이고 환이고 뜬거품이다.
一筆句下 要休便休 일 필 구 하 요 휴 편 휴	한 글귀 글씨 아래 편히 쉬고 쉬기를 바라노니
巴歌杜酒村田樂 파 가 두 주 촌 전 락	술마시고 노래부르고 촌전의 즐거움 아니겠는가.
不風流處自風流 불 풍 유 처 자 풍 류	바람 불지 않는 곳의 진짜 풍류로다.

하였습니다. 진실로 수보리가 첩첩한 미궁을 헤매면서 묻고 또 물으니 부처님께서 거듭거듭 설하여 게송으로 마치니 천백억화신이 대낮에 허공 가운데 훤히 드러나 보이는 것 같습니다.

이것으로써 금강경 32분 27의단을 모두 설해 마치고 마지막으로 유통합니다.

Ⅲ. 유통분(流通分)

【원문·역문】

| 佛說是經已
불 설 시 경 이 | 부처님께서
이 경을 다 말씀하시자 |

長老須菩提
장로수보리

及諸比丘比丘尼
급제비구비구니

優婆塞優婆夷
우바새우바이

一切世間天人阿修羅
일체세간천인아수라

聞佛所說 皆大歡喜
문불소설 개대환희

信受奉行
신수봉행

장로
수보리와

비구
비구니와

우바새
우바이와

일체 세간 천인
아수라 등이

부처님 말씀을 듣고
모두 다 크게 기뻐하여

믿고 받들어
행하였느니라.

[단어·숙어]

"비구니"는 비구 따라 걸사생활을 하는 해탈녀(解脫女) 들이고,
"우바새·우바이"는 선행을 실천하는 신남신녀들입니다.
"천인"은 3계 28천과 인간을 말하고,
"아수라"는 술을 마시지 않은 군인으로 천수라·허공수라·지수라·해수라 네 종류가 있습니다.
"환희봉행"에 세 가지가 있으니
①은 설한 자가 청정하여 이양에 물들지 않는 것이고,
②는 설법이 청정하여 법체와 꼭같으며,
③은 얻은 바 과보가 청정하니 정묘경계를 이루는 까닭입니다.
그래서 야부스님은 30년 후에 부처님 은혜를 잊지 말라 하고,

饑得食 渴得漿
기득식 갈득장

주리면 밥먹고
갈하면 마셔

病得瘥 熱得凉	병자는 쾌차하고
병 득 차 열 득 량	뜨거운 자는 시원해지고
飄舟到岸 孤客歸鄉	배는 바람따라 목적지에 이르러
표 주 도 안 고 객 귀 향	고객들은 모두 고향으로 돌아간다.
早逢甘澤 國有忠良	일찍이 단비를 만나니 나라에는
조 봉 감 택 국 유 충 양	충신과 선량한 사람들이 있어
四夷拱手 八表來降	4위는 손을 꽂고
사 이 공 수 팔 표 래 항	8표는 내항하며
頭頭總是 物物全彰	낱낱 모든 것이
두 두 총 시 물 물 전 창	물그대로 창성하고
古今凡聖 地獄天堂	고금 범성과
고 금 범 성 지 옥 천 당	지옥 천당
東西南北 不用思量	동서남북
동 서 남 북 불 용 사 량	가릴 것 없이
刹塵沙界諸群品	온세계
찰 진 사 계 제 군 품	군품들이
盡入金剛大道場	모두 함께 금강의 대도량에
진 입 금 강 대 도 량	들어가기 바랍니다.

결론지었습니다. 어떻게 그렇게 될 수 있겠는가. 종경스님이 말했습니다.
"열반심을 제하고
정법안을 멸하고
지견을 소제하고
명근을 끊어
감히 갚을 수 없는 은혜를 갚고
갚을 것 없는 것을 다 갚으면"
그렇게 된다 하였습니다.
감사합니다. 이것으로써 금강경특강을 모두 마치겠습니다.

제2부 독송 금강경

여시아문   일시   불재사위국   기수급고독원   여대비구중
如是我聞   一時   佛在舍衛國   祇樹給孤獨園   與大比丘衆

천이백오십인구   이시세존   식시   착의지발   입사위대성
千二百五十人俱   爾時世尊   食時   着衣持鉢   入舍衛大城

걸식   어기성중   차제걸이   환지본처   반사흘   수의발   세족
乞食   於其城中   次第乞已   還至本處   飯食訖   收衣鉢   洗足

이 부좌이좌
已 敷座而坐

2. 선현기청분(善現起請分) : 선현이 법을 청하다

시   장로수보리   재대중중   즉종좌기   편단우견   우슬착지
時   長老須菩提   在大衆中   卽從座起   偏袒右肩   右膝着地

합장공경   이백불언   희유세존   여래   선호념제보살   선부
合掌恭敬   而白佛言   希有世尊   如來   善護念諸菩薩   善付

촉제보살   세존   선남자선여인   발아뇩다라삼먁삼보리
囑諸菩薩   世尊   善男子善女人   發阿耨多羅三藐三菩提

심 응운하주 운하항복기심
心　應云何住　云何降伏其心

불언 선재선재 수보리 여여소설 여래 선호념제보살 선부
佛言　善哉善哉　須菩提　如汝所說　如來　善護念諸菩薩　善付

촉제보살 여금제청 당위여설 선남자선여인 발아뇩다라
囑諸菩薩　汝今諦聽　當爲汝說　善男子善女人　發阿耨多羅

삼먁삼보리심 응여시주 여시항복기심 유연 세존 원요욕문
三藐三菩提心　應如是住　如是降伏其心　唯然　世尊　願樂欲聞

3. 대승정종분(大乘正宗分) : 대승의 바른 의미

불고 수보리 제보살마하살 응여시항복기심 소유일체
佛告　須菩提　諸菩薩摩訶薩　應如是降伏其心　所有一切

중생지류 약란생 약태생 약습생 약화생 약유색 약무색
衆生之類　若卵生　若胎生　若濕生　若化生　若有色　若無色

약유상 약무상 약비유상 비무상 아개영입무여열반 이
若有想　若無想　若非有想　非無想　我皆令入無餘涅槃　而

멸도지 여시멸도 무량무수무변중생 실무중생득멸도자
滅度之　如是滅度　無量無數無邊衆生　實無衆生得滅度者

하이고 수보리 약보살 유아상인상중생상수자상 즉
何以故 須菩提 若菩薩 有我相人相衆生相壽者相 卽
비보살
非菩薩

4. 묘행무주분(妙行無住分) : 집착이 없는 오묘한 수행

부차 수보리 보살어법 응무소주 행어보시 소위부주색
復次 須菩提 菩薩於法 應無所住 行於布施 所謂不住色
보시 부주성향미촉법보시 수보리 보살 응여시보시 부
布施 不住聲香味觸法布施 須菩提 菩薩 應如是布施 不
주어상 하이고 약보살 부주상보시 기복덕 불가사량 수
住於相 何以故 若菩薩 不住相布施 其福德 不可思量 須
보리 어의운하 동방허공 가사량부 불야세존 수보리 남
菩提 於意云何 東方虛空 可思量不 不也世尊 須菩提 南
서북방 사유상하허공 가사량부 불야세존 수보리 보
西北方 四維上下虛空 可思量不 不也世尊 須菩提 菩
살무주상보시복덕 역부여시 불가사량 수보리 보살 단
薩無住相布施福德 亦復如是 不可思量 須菩提 菩薩 但

응여소교주
應如所敎住

5. 여리실견분(如理實見分) : 이치와 같이 진실을 보라

수보리 어의운하 가이신상 견여래부 불야세존 불가이
須菩提　於意云何　可以身相　見如來不　不也世尊　不可以

신상 득견여래 하이고 여래소설신상 즉비신상 불고 수
身相　得見如來　何以故　如來所說身相　卽非身相　佛告　須

보리 범소유상 개시허망 약견제상비상 즉견여래
菩提　凡所有相　皆是虛妄　若見諸相非相　卽見如來

6. 정신희유분(正信希有分) : 올바른 믿음은 귀한 것임

수보리 백불언 세존 파유중생 득문여시언설장구 생실신부
須菩提　白佛言　世尊　頗有衆生　得聞如是言說章句　生實信不

불고 수보리 막작시설 여래멸후 후오백세 유지계수복
佛告　須菩提　莫作是說　如來滅後　後五百歲　有持戒修福

자 어차장구 능생신심 이차위실 당지시인 불어일불이
者　於此章句　能生信心　以此爲實　當知是人　不於一佛二

불삼사오불　이종선근　이어무량천만불소　종제선근　문
佛三四五佛　而種善根　已於無量千萬佛所　種諸善根　聞

시장구　내지　일념생정신자　수보리　여래　실지실견　시
是章句　乃至　一念生淨信者　須菩提　如來　悉知悉見　是

제중생　득여시무량복덕　하이고　시제중생　무부아상　인
諸衆生　得如是無量福德　何以故　是諸衆生　無復我相　人

상　중생상　수자상　무법상　역무비법상　하이고　시제중생
相　衆生相　壽者相　無法相　亦無非法相　何以故　是諸衆生

약심취상　즉위착아인중생수자　약취법상　즉착아인중
若心取相　卽爲着我人衆生壽者　若取法相　卽着我人衆

생수자　하이고　약취비법상　즉착아인중생수자　시고　불
生壽者　何以故　若取非法相　卽着我人衆生壽者　是故　不

응취법　불응취비법　이시의고　여래상설　여등비구　지아
應取法　不應取非法　以是義故　如來常說　汝等比丘　知我

설법　여벌유자　법상응사　하황비법
說法　如筏喩者　法尙應捨　何況非法

7. 무득무설분(無得無說分): 얻을 법도 설할 법도 없다

수보리 어의운하 여래득아뇩다라삼먁삼보리야 여래유
須菩提　於意云何　如來得阿耨多羅三藐三菩提耶　如來有

소설법야 수보리언 여아해불소설의 무유정법 명아뇩다
所說法耶　須菩提言　如我解佛所說義　無有定法　名阿耨多

라삼먁삼보리 역무유정법여래가설 하이고 여래소설법
羅三藐三菩提　亦無有定法如來可說　何以故　如來所說法

개불가취 불가설 비법 비비법 소이자하 일체현성 개이
皆不可取　不可說　非法　非非法　所以者何　一切賢聖　皆以

무위법 이유차별
無爲法　而有差別

8. 의법출생분(依法出生分): 진리를 의지하여 출생한다

수보리 어의운하 약인만삼천대천세계 칠보이용보시
須菩提　於意云何　若人滿三千大千世界　七寶以用布施

시인소득복덕 영위다부 수보리언 심다세존 하이고
是人所得福德　寧爲多不　須菩提言　甚多世尊　何以故

시복덕 즉비복덕성 시고 여래설 복덕다 약부유인 어
是福德　卽非福德性　是故　如來說　福德多　若復有人　於

차경중수지 내지 사구게등 위타인설 기복승피 하이고
此經中受持　乃至　四句偈等　爲他人說　其福勝彼　何以故

수보리 일체제불 급 제불아뇩다라삼먁삼보리법 개종
須菩提　一切諸佛　及　諸佛阿耨多羅三藐三菩提法　皆從

차경출 수보리 소위불법자 즉비불법
此經出　須菩提　所謂佛法者　卽非佛法

9. 일상무상분(一相無相分) : 얻었다는 相이 없다

수보리 어의운하 수다원 능작시념 아득수다원과부
須菩提　於意云何　須陀洹　能作是念　我得須陀洹果不

수보리언 불야세존 하이고 수다원 명위입류 이무소입 불
須菩提言　不也世尊　何以故　須陀洹　名爲入流　而無所入　不

입색성향미촉법 시명수다원 수보리 어의운하 사다함 능
入色聲香味觸法　是名須陀洹　須菩提　於意云何　斯陀含　能

작시념 아득사다함과부 수보리언 불야세존 하이고 사
作是念　我得斯陀含果不　須菩提言　不也世尊　何以故　斯

다함 명일왕래 이실무왕래 시명사다함 수보리 어의운하
陀含　名一往來　而實無往來　是名斯陀含　須菩提　於意云何

아나함 능작시념 아득아나함과부 수보리언 불야세존
阿那含　能作是念　我得阿那含果不　須菩提言　不也世尊

하이고 아나함 명위불래 이실무불래 시고 명아나함 수보
何以故 阿那含 名爲不來 而實無不來 是故 名阿那含 須菩

리 어의운하 아라한 능작시념 아득아라한도부 수보리언
提 於意云何 阿羅漢 能作是念 我得阿羅漢道不 須菩提言

불야세존 하이고 실무유법 명아라한 세존 약아라한작시
不也世尊 何以故 實無有法 名阿羅漢 世尊 若阿羅漢作是

념 아득아라한도 즉위착아인중생수자 세존 불설아득무쟁
念 我得阿羅漢道 卽爲着我人衆生壽者 世尊 佛說我得無諍

삼매인중 최위제일 시제일이욕아라한 세존 아부작시념
三昧人中 最爲第一 是第一離欲阿羅漢 世尊 我不作是念

아시이욕아라한 세존 아약작시념 아득아라한도 세존 즉
我是離欲阿羅漢 世尊 我若作是念 我得阿羅漢道 世尊 卽

불설 수보리 시요아란나행자 이수보리실무소행 이명수보
不說 須菩提 是樂阿蘭那行者 以須菩提實無所行 而名須菩

리 시요아란나행
提 是樂阿蘭那行

10. 장엄정토분(莊嚴淨土分) : 정토를 장엄함

불고 수보리 어의운하 여래석재연등불소 어법유소득
佛告 須菩提 於意云何 如來昔在燃燈佛所 於法有所得

부 불야세존 여래재연등불소 어법실무소득 수보리 어
不 不也世尊 如來在燃燈佛所 於法實無所得 須菩提 於

의운하 보살장엄불토부 불야세존 하이고 장엄불토
意云何 菩薩莊嚴佛土不 不也世尊 何以故 莊嚴佛土

자 즉비장엄 시명장엄 시고 수보리 제보살마하살 응여
者 即非莊嚴 是名莊嚴 是故 須菩提 諸菩薩摩訶薩 應如

시생청정심 불응주색생심 불응주성향미촉법생심 응무
是生淸淨心 不應住色生心 不應住聲香味觸法生心 應無

소주 이생기심 수보리 비여유인 신여수미산왕 어의운
所住 而生其心 須菩提 譬如有人 身如須彌山王 於意云

하 시신위대부 수보리언 심대세존 하이고 불설비신
何 是身爲大不 須菩提言 甚大世尊 何以故 佛說非身

시명대신
是名大身

11. 무위복승분(無爲福勝分) : 無爲의 복덕은 위대함

수보리 여항하중소유사수 여시사등항하 어의운하 시
須菩提 如恒河中所有沙數 如是沙等恒河 於意云何 是

제항하사 영위다부 수보리언 심다세존 단제항하 상
諸恒河沙 寧爲多不 須菩提言 甚多世尊 但諸恒河 尙

다무수 하황기사 수보리 아금실언고여 약유선남자 선
多無數 何況其沙 須菩提 我今實言告汝 若有善男子 善

여인 이칠보만이소항하사수 삼천대천세계 이용보시
女人 以七寶滿爾所恒河沙數 三千大千世界 以用布施

득복다부 수보리언 심다세존 불고 수보리 약선남자
得福多不 須菩提言 甚多世尊 佛告 須菩提 若善男子

선여인 어차경중 내지 수지사구게등 위타인설 이차복
善女人 於此經中 乃至 受持四句偈等 爲他人說 而此福

덕 승전복덕
德 勝前福德

12. 존중정교분(尊重正敎分) : 대승의 가르침을 존중함

부차 수보리 수설시경 내지 사구게등 당지차처 일체세간
復次 須菩提 隨說是經 乃至 四句偈等 當知此處 一切世間

천인 아수라 개응공양 여불탑묘 하황유인 진능수지독송
天人 阿修羅 皆應供養 如佛塔廟 何況有人 盡能受持讀誦

수보리 당지시인 성취최상제일희유지법 약시경전소재지
須菩提 當知是人 成就最上第一稀有之法 若是經典所在之

처 즉위유불 약존중제자
處 卽爲有佛 若尊重弟子

13. 여법수지분(如法受持分) : 여법하여 수지함

이시 수보리백불언 세존 당하명차경 아등운하봉지 불
爾時 須菩提白佛言 世尊 當何名此經 我等云何奉持 佛

고 수보리 시경명위금강반야바라밀 이시명자 여당봉
告 須菩提 是經名爲金剛般若波羅密 以是名字 汝當奉

지 소이자하 수보리 불설반야바라밀 즉비반야바라밀
持 所以者何 須菩提 佛說般若波羅蜜 卽非般若波羅蜜

시명반야바라밀 수보리 어의운하 여래유소설법부 수
是名般若波羅蜜 須菩提 於意云何 如來有所說法不 須

보리 백불언 세존 여래무소설 수보리 어의운하 삼천대
菩提 白佛言 世尊 如來無所說 須菩提 於意云何 三千大

천세계소유미진 시위다부 수보리언 심다세존 수보리
千世界所有微塵 是爲多不 須菩提言 甚多世尊 須菩提

제미진 여래설비미진 시명미진 여래설세계 비세계 시명
諸微塵 如來說非微塵 是名微塵 如來說世界 非世界 是名

세계 수보리 어의운하 가이삼십이상견여래부 불야세
世界 須菩提 於意云何 可以三十二相見如來不 不也世

존 불가이삼십이상득견여래 하이고 여래설삼십이상 즉
尊 不可以三十二相得見如來 何以故 如來說三十二相 卽

시비상 시명삼십이상 수보리 약유선남자 선여인 이항
是非相 是名三十二相 須菩提 若有善男子 善女人 以恒

하사등신명보시 약부유인 어차경중 내지 수지사구게등
河沙等身命布施 若復有人 於此經中 乃至 受持四句偈等

위타인설 기복심다
爲他人說 其福甚多

14. 이상적멸분(離相寂滅分) : 집착을 떠나면 부처님

이시 수보리 문설시경 심해의취 체루비읍 이백불언 희
爾時 須菩提 聞說是經 深解義趣 涕淚悲泣 而白佛言 希

유세존 불설 여시심심경전 아종석래 소득혜안 미증득
有世尊 佛說 如是甚深經典 我從昔來 所得慧眼 未曾得

문 여시지경 세존 약부유인 득문시경 신심청정 즉생실
聞 如是之經 世尊 若復有人 得聞是經 信心淸淨 卽生實

상 당지 시인성취제일 희유공덕 세존 시실상자 즉시비
相 當知 是人成就第一 希有功德 世尊 是實相者 卽是非

상 시고 여래설명실상 세존 아금득문여시경전 신해수
相 是故 如來說名實相 世尊 我今得聞如是經典 信解受

지 부족위난 약당래세 후오백세 기유중생 득문시경 신
持 不足爲難 若當來世 後五百歲 其有衆生 得聞是經 信

해수지 시인 즉위제일희유 하이고 차인 무아상 무인
解受持 是人 卽爲第一希有 何以故 此人 無我相 無人

상 무중생상 무수자상 소이자하 아상 즉시비상 인상
相 無衆生相 無壽者相 所以者何 我相 卽是非相 人相

중생상 수자상 즉시비상 하이고 이일체제상 즉명제
衆生相 壽者相 卽是非相 何以故 離一切諸相 卽名諸

불 불고 수보리 여시여시 약부유인 득문시경 불경 불
佛 佛告 須菩提 如是如是 若復有人 得聞是經 不驚 不

포 불외 당지 시인 심위희유 하이고 수보리 여래설제
怖 不畏 當知 是人 甚爲希有 何以故 須菩提 如來說第

일바라밀 즉비제일바라밀 시명제일바라밀 수보리 인
一波羅蜜 卽非第一波羅蜜 是名第一波羅蜜 須菩提 忍

욕바라밀 여래설비인욕바라밀 시명인욕바라밀 하이고
辱波羅蜜 如來說非忍辱波羅蜜 是名忍辱波羅蜜 何以故

수보리 여아석 위가리왕 할절신체 아어이시 무아상 무
須菩提 如我昔 爲歌利王 割截身體 我於爾時 無我相 無

인상 무중생상 무수자상 하이고 아어왕석절절지해시
人相 無衆生相 無壽者相 何以故 我於往昔節節支解時

약유아상 인상 중생상 수자상 응생진한 수보리 우념과
若有我相 人相 衆生相 壽者相 應生嗔恨 須菩提 又念過

거어오백세 작인욕선인 어이소세 무아상 무인상 무중
去於五百世 作忍辱仙人 於爾所世 無我相 無人相 無衆

생상 무수자상 시고 수보리 보살응리일체상 발아뇩다
生相 無壽者相 是故 須菩提 菩薩應離一切相 發阿耨多

라삼먁삼보리심 불응주색생심 불응주성향미촉법생심 응
羅三藐三菩提心 不應住色生心 不應住聲香味觸法生心 應

생무소주심 약심유주 즉위비주 시고 불설 보살 심불응
生無所住心 若心有住 則爲非住 是故 佛說 菩薩 心不應

주색보시 수보리 보살 위이익일체중생 응여시보시 여
住色布施 須菩提 菩薩 爲利益一切衆生 應如是布施 如

래설일체제상 즉시비상 우설일체중생 즉비중생 수보리
來說一切諸相 卽是非相 又說一切衆生 卽非衆生 須菩提

여래 시진어자 실어자 여어자 불광어자 불이어자 수보리
如來 是眞語者 實語者 如語者 不誑語者 不異語者 須菩提

여래소득법 차법무실 무허 수보리 약보살 심주어법 이
如來所得法 此法無實 無虛 須菩提 若菩薩 心住於法 而

행보시 여인입암 즉무소견 약보살 심부주법 이행보시
行布施 如人入闇 卽無所見 若菩薩 心不住法 而行布施

여인유목 일광명조 견종종색 수보리 당래지세 약유선
如人有目 日光明照 見種種色 須菩提 當來之世 若有善

남자 선여인능어차경 수지독송 즉위여래 이불지혜 실
男子 善女人能於此經 受持讀誦 卽爲如來 以佛智慧 悉

지시인 실견시인 개득성취 무량무변공덕
知是人 悉見是人 皆得成就 無量無邊功德

15. 지경공덕분(持經功德分) : 금강경 수지 공덕

수보리 약유선남자 선여인 초일분 이항하사등신보시
須菩提 若有善男子 善女人 初日分 以恒河沙等身布施

중일분 부이항하사등신보시 후일분 역이항하사등신보
中日分 復以恒河沙等身布施 後日分 亦以恒河沙等身布

시 여시무량백천만억겁 이신보시 약부유인 문차경전
施 如是無量百千萬億劫 以身布施 若復有人 聞此經典

신심불역 기복승피 하황서사수지독송 위인해설 수보
信心不逆 其福勝彼 何況書寫受持讀誦 爲人解說 須菩

리 이요언지 시경유불가사의 불가칭량 무변공덕 여
提 以要言之 是經有不可思議 不可稱量 無邊功德 如

래 위발대승자설 위발최상승자설 약유인 능수지독송
來 爲發大乘者說 爲發最上乘者說 若有人 能受持讀誦

광위인설 여래 실지시인 실견시인 개득성취 불가량 불
廣爲人說 如來 悉知是人 悉見是人 皆得成就 不可量 不

가칭 무유변 불가사의공덕 여시인등 즉위하담 여래 아
可稱 無有邊 不可思議功德 如是人等 卽爲荷擔 如來 阿

뇩다라삼먁삼보리 하이고 수보리 약요소법자 착아견
耨多羅三藐三菩提 何以故 須菩提 若樂小法者 着我見

인견 중생견 수자견 즉어차경 불능청수독송 위인해설
人見 衆生見 壽者見 卽於此經 不能聽受讀誦 爲人解說

수보리 재재처처 약유차경 일체세간 천인 아수라 소
須菩提 在在處處 若有此經 一切世間 天人 阿修羅 所

응공양 당지 차처 즉위시탑 개응공경 작례위요 이제화
應供養 當知 此處 卽爲是塔 皆應恭敬 作禮圍繞 以諸華

향 이산기처
香 而散其處

16. 능정업장분(能淨業障分) : 능히 업장을 제거함

부차 수보리 선남자 선여인 수지독송차경 약위인경천
復次 須菩提 善男子 善女人 受持讀誦此經 若爲人輕賤

시인 선세죄업 응타악도 이금세인경천고 선세죄업 즉
是人 先世罪業 應墮惡道 以今世人輕賤故 先世罪業 卽

위소멸 당득아뇩다라삼먁삼보리 수보리 아념과거무량
爲消滅 當得阿耨多羅三藐三菩提 須菩提 我念過去無量

아승지겁 어연등불전 득치팔백사천만억나유타 제불
阿僧祇劫 於燃燈佛前 得值八百四千萬億那由他 諸佛

실개공양승사 무공과자 약부유인 어후말세 능수지독
悉皆供養承事 無空過者 若復有人 於後末世 能受持讀

송차경 소득공덕 어아소공양제불공덕 백분불급일 천
誦此經 所得功德 於我所供養諸佛功德 百分不及一 千

만억분 내지 산수비유 소불능급 수보리 약선남자 선여
萬億分 乃至 算數譬喻 所不能及 須菩提 若善男子 善女

인 어후말세 유수지독송차경 소득공덕 아약 구설자
人 於後末世 有受持讀誦此經 所得功德 我若 具說者

혹유인문 심즉광란 호의불신 수보리 당지 시경의 불
或有人聞 心卽狂亂 狐疑不信 須菩提 當知 是經義 不

가사의과보 역불가사의
可思議果報 亦不可思議

17. 구경무아분(究竟無我分) : 부처님은 我相이 없음

이시 수보리백불언 세존 선남자 선여인 발아뇩다라삼
爾時 須菩提白佛言 世尊 善男子 善女人 發阿耨多羅三

먁삼보리심 운하응주 운하항복기심 불고 수보리 약선
藐三菩提心 云何應住 云何降伏其心 佛告 須菩提 若善

남자 선여인 발아뇩다라삼먁삼보리심자 당생여시심
男子 善女人 發阿耨多羅三藐三菩提心者 當生如是心

아응멸도일체중생 멸도일체중생이 이무유일중생 실멸
我應滅度一切衆生 滅度一切衆生已 而無有一衆生 實滅

도자 하이고 수보리 약보살 유아상 인상 중생상 수자상
度者 何以故 須菩提 若菩薩 有我相 人相 衆生相 壽者相

즉비보살 소이자하 수보리 실무유법 발아뇩다라삼먁삼
卽非菩薩 所以者何 須菩提 實無有法 發阿耨多羅三藐三

보리심자 수보리 어의운하 여래어연등불 소유법 득
菩提心者 須菩提 於意云何 如來於燃燈佛 所有法 得

아뇩다라삼먁삼보리부 불야세존 여아해불소설의
阿耨多羅三藐三菩提不 不也世尊 如我解佛所說義

불어 연등불소 무유법 득아뇩다라삼먁삼보리 불언 여
佛於 燃燈佛所 無有法 得阿耨多羅三藐三菩提 佛言 如

시여시 수보리 실무유법 여래득아뇩다라삼먁삼보리 수
是如是 須菩提 實無有法 如來得阿耨多羅三藐三菩提 須

보리 약유법 여래득아뇩다라삼먁삼보리자 연등불 즉불
菩提 若有法 如來得阿耨多羅三藐三菩提者 燃燈佛 卽不

여아수기 여어내세 당득작불 호석가모니 이실무유법
與我授記 汝於來世 當得作佛 號釋迦牟尼 以實無有法

득아뇩다라삼먁삼보리 시고 연등불 여아수기 작시언
得阿耨多羅三藐三菩提 是故 燃燈佛 與我授記 作是言

여어내세 당득작불 호석가모니 하이고 여래자 즉제법여
汝於來世 當得作佛 號釋迦牟尼 何以故 如來者 卽諸法如

의 약유인 언여래득아뇩다라삼먁삼보리 수보리 실무
義 若有人 言如來得阿耨多羅三藐三菩提 須菩提 實無

유법 불득아뇩다라삼먁삼보리 수보리 여래소득아뇩다
有法 佛得阿耨多羅三藐三菩提 須菩提 如來所得阿耨多

라삼먁삼보리 어시중 무실 무허 시고 여래설일체법 개
羅三藐三菩提 於是中 無實 無虛 是故 如來說一切法 皆

시불법 수보리 소언일체법자 즉비일체법 시고 명일체
是佛法 須菩提 所言一切法者 卽非一切法 是故 名一切

법 수보리 비여인신장대 수보리언 세존 여래설인신장
法 須菩提 譬如人身長大 須菩提言 世尊 如來說人身長

대 즉위비대신 시명대신 수보리 보살 역여시 약작시언
大 卽爲非大身 是名大身 須菩提 菩薩 亦如是 若作是言

아당멸도 무량중생 즉불명보살 하이고 수보리 실무유
我當滅度 無量衆生 卽不名菩薩 何以故 須菩提 實無有

법 명위보살 시고 불설일체법 무아 무인 무중생 무수자
法 名爲菩薩 是故 佛說一切法 無我 無人 無衆生 無壽者

수보리 약보살 작시언 아당장엄불토 시불명보살 하이
須菩提 若菩薩 作是言 我當莊嚴佛土 是不名菩薩 何以

고 여래설장엄불토자 즉비장엄 시명장엄 수보리 약보
故 如來說莊嚴佛土者 卽非莊嚴 是名莊嚴 須菩提 若菩

살 통달무아법자 여래설 명진시보살
薩 通達無我法者 如來說 名眞是菩薩

18. 일체동관분(一切同觀分): 만법을 하나로 관찰함

수보리 어의운하 여래유육안부 여시세존 여래유육안
須菩提 於意云何 如來有肉眼不 如是世尊 如來有肉眼

수보리 어의운하 여래유천안부 여시세존 여래유천안
須菩提 於意云何 如來有天眼不 如是世尊 如來有天眼

수보리 어의운하 여래유혜안부 여시세존 여래유혜안
須菩提 於意云何 如來有慧眼不 如是世尊 如來有慧眼

수보리 어의운하 여래유법안부 여시세존 여래유법안
須菩提 於意云何 如來有法眼不 如是世尊 如來有法眼

수보리 어의운하 여래유불안부 여시세존 여래유불안
須菩提 於意云何 如來有佛眼不 如是世尊 如來有佛眼

수보리 어의운하 여항하중소유사 불설시사부 여시세존
須菩提 於意云何 如恒河中所有沙 佛說是沙不 如是世尊

여래설시사 수보리 어의운하 여일항하중소유사 유여시
如來說是沙 須菩提 於意云何 如一恒河中所有沙 有如是

사등항하 시제항하소유사수불세계 여시영위다부 심
沙等恒河 是諸恒河所有沙數佛世界 如是寧爲多不 甚

다세존 불고 수보리 이소국토중소유중생 약간종심 여
多世尊 佛告 須菩提 爾所國土中所有衆生 若干種心 如

래실지 하이고 여래설제심 개위비심 시명위심 소이자
來悉知 何以故 如來說諸心 皆爲非心 是名爲心 所以者

하 수보리 과거심불가득 현재심불가득 미래심불가득
何 須菩提 過去心不可得 現在心不可得 未來心不可得

19. 법계통화분 (法界通化分) : 법계 중생을 모두 교화함

수보리 어의운하 약유인 만삼천대천세계칠보 이용보
須菩提 於意云何 若有人 滿三千大千世界七寶 以用布

시 시인 이시인연 득복다부 여시세존 차인 이시인연
施 是人 以是因緣 得福多不 如是世尊 此人 以是因緣

득복 심다 수보리 약복덕유실 여래불설 득복덕다 이
得福 甚多 須菩提 若福德有實 如來不說 得福德多 以

복덕무고 여래설 득복덕다
福德無故 如來說 得福德多

20. 이색이상분 (離色離相分) : 色과 相을 떠나 여래를 봄

수보리 어의운하 불가이구족색신견부 불야세존 여래
須菩提 於意云何 佛可以具足色身見不 不也世尊 如來

불응이구족색신견 하이고 여래설 구족색신 즉비구족색
不應以具足色身見 何以故 如來說 具足色身 卽非具足色

신 시명구족색신 수보리 어의운하 여래 가이구족제상
身 是名具足色身 須菩提 於意云何 如來 可以具足諸相

견부 불야세존 여래 불응이구족제상견 하이고 여래
見不 不也世尊 如來 不應以具足諸相見 何以故 如來

설제상구족 즉비구족 시명제상구족
說諸相具足 卽非具足 是名諸相具足

21. 비설소설분(非說所說分): 한 법도 설하지 않았다

수보리 여 물위 여래작시념 아당 유소설법 막작시념
須菩提 汝 勿謂 如來作是念 我當 有所說法 莫作是念

하이고 약인언 여래유소설법 즉위방불 불능해아소설고
何以故 若人言 如來有所說法 卽爲謗佛 不能解我所說故

수보리 설법자 무법가설 시명설법 이시혜명수보리 백불
須菩提 說法者 無法可說 是名說法 爾時慧命須菩提 白佛

언 세존 파유중생 어미래세 문설시법 생신심부 불언
言 世尊 頗有衆生 於未來世 聞說是法 生信心不 佛言

수보리 피비중생 비불중생 하이고 수보리 중생중생자
須菩提 彼非衆生 非不衆生 何以故 須菩提 衆生衆生者

여래설 비중생 시명중생
如來說 非衆生 是名衆生

22. 무법가득분(無法可得分): 얻어야 할 법도 없다

수보리백불언 세존 불득아뇩다라삼먁삼보리 위무소
須菩提白佛言 世尊 佛得阿耨多羅三藐三菩提 爲無所

득야 불언 여시여시 수보리 아어아뇩다라삼먁삼보리
得耶 佛言 如是如是 須菩提 我於阿耨多羅三藐三菩提

내지 무유소법가득 시명아뇩다라삼먁삼보리
乃至 無有少法可得 是名阿耨多羅三藐三菩提

23. 정심행선분(淨心行善分) : 청정심으로 善法을 행함

부차 수보리 시법평등무유고하 시명아뇩다라삼먁삼보리
復次 須菩提 是法平等無有高下 是名阿耨多羅三藐三菩提

이무아 무인 무중생 무수자 수일체선법 즉득아뇩다라
以無我 無人 無衆生 無壽者 修一切善法 即得阿耨多羅

삼먁삼보리 수보리 소언선법자 여래설 즉비선법 시명
三藐三菩提 須菩提 所言善法者 如來說 即非善法 是名

선법
善法

24. 복지무비분(福智無比分) : 복과 지혜는 비교할 수 없음

수보리 약삼천대천세계중 소유제수미산왕 여시등칠보
須菩提 若三千大千世界中 所有諸須彌山王 如是等七寶

취 유인 지용보시 약인 이차반야바라밀경 내지 사구
聚 有人 持用布施 若人 以此般若波羅蜜經 乃至 四句

게등 수지독송 위타인설 어전복덕 백분불급일 백천만
偈等 受持讀誦 爲他人說 於前福德 百分不及一 百千萬

억분 내지 산수비유 소불능급
億分 乃至 算數譬喩 所不能及

25. 화무소화분(化無所化分) : 교화할 중생이 없음

수보리 어의운하 여등물위 여래작시념 아당도중생 수
須菩提 於意云何 汝等勿謂 如來作是念 我當度衆生 須

보리 막작시념 하이고 실무유중생여래도자 약유중생여
菩提 莫作是念 何以故 實無有衆生如來度者 若有衆生如

래도자 여래 즉유아인중생수자 수보리 여래설유아
來度者 如來 卽有我人衆生壽者 須菩提 如來說有我

자 즉비유아 이범부지인 이위유아 수보리 범부자 여래
者 卽非有我 而凡夫之人 以爲有我 須菩提 凡夫者 如來

설 즉비범부 시명범부
說 卽非凡夫 是名凡夫

26. 법신비상분(法身非相分) : 법신은 非相임

수보리 어의운하 가이삼십이상 관여래부 수보리언
須菩提 於意云何 可以三十二相 觀如來不 須菩提言

여시여시 이삼십이상 관여래 불언 수보리 약이삼십이
如是如是 以三十二相 觀如來 佛言 須菩提 若以三十二

상 관여래자 전륜성왕 즉시여래 수보리백불언 세존 여
相 觀如來者 轉輪聖王 卽是如來 須菩堤白佛言 世尊 如

아해불소설의 불응이삼십이상 관여래 이시세존 이설
我解佛所說義 不應以三十二相 觀如來 爾時世尊 而說

게언 약이색견아 이음성구아 시인행사도 불능견여래
偈言 若以色見我 以音聲求我 是人行邪道 不能見如來

27. 무단무멸분(無斷無滅分): 공덕은 끊어지지 않는다

수보리 여약작시념 여래불이구족상 고득아뇩다라삼먁
須菩提 汝若作是念 如來不以具足相 故得阿耨多羅三藐

삼보리 수보리 막작시념 여래 불이구족상고 득아뇩다
三菩提 須菩提 莫作是念 如來 不以具足相故 得阿耨多

라삼먁삼보리 수보리 여약작시념 발아뇩다라삼먁삼보
羅三藐三菩提 須菩提 汝若作是念 發阿耨多羅三藐三菩

리심자 설제법단멸 막작시념 하이고 발아뇩다라삼먁
提心者 說諸法斷滅 莫作是念 何以故 發阿耨多羅三藐

삼보리심자 어법불설단멸상
三菩提心者 於法不說斷滅相

28. 불수불탐분(不受不貪分) : 복덕을 탐하지 않는다

수보리 약보살 이만항하사등세계칠보 지용보시 약부
須菩提 若菩薩 以滿恒河沙等世界七寶 持用布施 若復

유인 지일체법무아 득성어인 차보살승전보살 소득공
有人 知一切法無我 得成於忍 此菩薩勝前菩薩 所得功

덕 하이고 수보리 이제보살 불수복덕고 수보리 백불언
德 何以故 須菩提 以諸菩薩 不受福德故 須菩提 白佛言

세존 운하보살 불수복덕 수보리 보살 소작복덕 불응
世尊 云何菩薩 不受福德 須菩提 菩薩 所作福德 不應

탐착 시고설불수복덕
貪着 是故說不受福德

29. 위의적정분(威儀寂靜分) : 여래의 몸가짐은 고요함

수보리 약유인언 여래 약래 약거 약좌 약와 시인 불해
須菩提 若有人言 如來 若來 若去 若坐 若臥 是人 不解

아소설의 하이고 여래자 무소종래 역무소거 고명여래
我所說義 何以故 如來者 無所從來 亦無所去 故名如來

30. 일합이상분(一合理相分) : 하나인 이치

수보리 약선남자 선여인 이삼천대천세계 쇄위미진 어
須菩提 若善男子 善女人 以三千大千世界 碎爲微塵 於

의운하 시미진중 영위다부 수보리언 심다세존 하이
意云何 是微塵衆 寧爲多不 須菩提言 甚多世尊 何以

고 약시미진중 실유자 불즉불설시미진중 소이자하
故 若是微塵衆 實有者 佛卽不說是微塵衆 所以者何

불설미진중 즉비미진중 시명미진중 세존 여래소설삼
佛說微塵衆 卽非微塵衆 是名微塵衆 世尊 如來所說三

천대천세계 즉비세계 시명세계 하이고 약세계 실유자
千大千世界 卽非世界 是名世界 何以故 若世界 實有者

즉시일합상 여래설 일합상 즉비일합상 시명일합상 수
卽是一合相 如來設 一合相 卽非一合相 是名一合相 須

보리 일합상자 즉시불가설 단범부지인 탐착기사
菩提 一合相者 則是不可說 但凡夫之人 貪着其事

31. 지견불생분(知見不生分) : 분별심을 내지 말라

수보리 약인언 불설 아견 인견 중생견 수자견 수보리
須菩提 若人言 佛說 我見 人見 衆生見 壽者見 須菩提

어의운하 시인해아소설의부 불야세존 시인 불해여
於意云何 是人解我所說義不 不也世尊 是人 不解如

래소설의 하이고 세존설 아견 인견 중생견 수자견 즉
來所說義 何以故 世尊說 我見 人見 衆生見 壽者見 卽

비아견 인견 중생견 수자견 시명아견 인견 중생견 수
非我見 人見 衆生見 壽者見 是名我見 人見 衆生見 壽

자견 수보리 발아뇩다라삼먁삼보리심자 어일체법 응
者見 須菩提 發阿耨多羅三藐三菩提心者 於一切法 應

여시지 여시견 여시신해 불생법상 수보리 소언법상
如是知 如是見 如是信解 不生法相 須菩提 所言法相

자여래설 즉비법상 시명법상
者如來說 卽非法相 是名法相

32. 응화비진분(應化非眞分) : 유위법은 진리가 아니다

수보리 약유인 이만무량아승지세계칠보 지용보시 약
須菩提 若有人 以滿無量阿僧祇世界七寶 持用布施 若

유선남자 선여인 발보살심자 지어차경 내지 사구게등
有善男子 善女人 發菩薩心者 持於此經 乃至 四句偈等

수지독송 위인연설 기복승피 운하위인연설 불취어상
受持讀誦 爲人演說 其福勝彼 云何爲人演說 不取於相

여여부동 하이고 일체유위법 여몽환포영 여로역여
如如不動 何以故 一切有爲法 如夢幻泡影 如露亦如

전 응작여시관 불설시경이 장로수보리 급제비구 비
電 應作如是觀 佛說是經已 長老須菩提 及諸比丘 比

구니 우바새 우바이 일체세간 천인 아수라 문불소설
丘尼 優婆塞 優婆尼 一切世間 天人 阿修羅 聞佛所說

개대환희 신수봉행
皆大歡喜 信受奉行

금강반야바라밀경 종
金剛般若波羅蜜經 終

잠시라도 마음 닦으면 영원한 보배요
백년동안 재물을 모아도
하루아침에 사라진다.
三日修心 千載寶 百年食物 一朝塵

- 자장율사 -

금강경 특강 Diamond sutra

發 行 日 | 2013년 9월 15일
발 행 처 | 불교정신문화원
편   저 | 활안 한정섭
인   쇄 | 이화문화출판사
　　　　　02-732-7091~3

발 행 처 | 12457 경기도 가평군 청평면 남이터길 65
전   화 | (02) 969-2410(금강선원)
등록번호 | 76. 10. 20. 경기 제 6 호

값 10,000원